在蒼茫中點燈

現代佛典4

林清玄 著

現代佛典總序

林清玄

「佛法經過幾千年了，還適合現代人嗎？」

經常有人這樣問我。

由於時空的變異，現代人的生活型態確實與古人大有差異，但是做爲人的本質並未有什麼變化，例如生老病死、七情六欲、煩惱無助等等。如果一個人有志於解脫這些本質問題，或者說希望使自我的本質得到提升，就需要一些生命的指導原則，佛法在這些原則性的問題上歷久常新，佛法當然是適合現代人的。

透過佛法，一個現代人可以對生、老、病、死、愛別離、怨憎會、求不得、煩惱熾盛有更深刻的認識，然後依照三法印、四聖諦、八正道、十二因緣、三十七道品等原則修行，使煩惱止息、身心統一，得以安住於波動不安的環境當中。或者其中有大根器、修行得力的人，也可以現證涅槃，得到生死的解脫。

即使完全不修行、沒有宗教信仰的人，認識佛法，也可以開發智慧，有更廣大的思想、更高超的嚮往、更不凡的胸襟。

佛法可以超越時空，契入現代人的心靈，除了在方法上，使我能親身證驗內在憂惱的提升與轉化；在觀點上，現在最熱門的環保問題、人權問題、自由問題、階級問題等等，在佛經裡也早就提到，歷歷可證了。

因此，我常覺得，佛法是最古老，也是最現代的；佛法是最有歷史，也是最前衛的。我時常有個願望，但願最忙碌最混亂的現代人，也可以用很短的時間，來品味佛法的芳香，「現代佛典」系列就是在這種願望下誕生的。

顧名思議，「現代佛典」可以說是「給現代人讀的佛教經典」，也可以說「對現人有益的佛教經典」，又可以說「符合現代思潮的佛教經典」，凡是對生命有過迷思、對生死有過困惑、對情慾有過掙扎的現代人，都是適合閱讀佛典的。

在編輯「現代佛典」系列時，我們大約有三個方向，一是精緻的，二是簡易的，三是有效的，希望能把龐大的佛教經典化簡馭繁，找出有效的能對治人的病根的佛法，用精緻的方法來編印。

當然，根本的思想，是把「佛法」和「現代」結合起來，使一朝風月的現代人，能普受佛法的滋潤；也使佛法能與時並美，萬古常新。是爲序。

自序

林清玄

1

在饒河街夜市，看到一隻黃金鼠，全身披著拖地的長毛，背的部分是金黃色，尾端是銀白色。牠的長毛中分，一絲不亂，顯然被仔細的梳理過。

那隻金銀兩色的黃金鼠，引起逛夜市人群的圍觀，大部分的人議論紛紛：「從來沒有見過這樣美麗的老鼠呀！」當大家看到牠竟然可以把食物藏在腮邊，還可以自己洗臉，清洗長毛的時候，更是忍不住驚歎。

根據賣黃金鼠的小販說，黃金鼠多是短毛的，原產於歐洲，性情乖順，一般的黃金鼠是灰色或土色，他說：「從中古世紀以來，黃金鼠就是歐洲貴族的寵物，現在則是台北人最時髦的寵物。」

他輕輕抓起那金銀兩色的黃金鼠，說：「這一隻更是稀有、名貴，這是變種的黃金鼠，才會有長毛，還有兩種最珍貴的顏色呀！」

有人問說：「這一隻要賣多少錢呢？」

小販笑著說：「一隻才一千八百元。」

「大貴了，那有老鼠賣這麼貴的。」問的人搖搖頭，走了。

「這個價錢很公道，因爲眞的是很稀罕、很稀罕呀！」小販對圍觀的人說。

「一千八百元？」站在一旁的我，也以爲是聽錯，又問了一次。

「是，才一千八百元。」小販加強語氣的說：「你要買便宜的也有，哪，這個箱子裡的每隻一百五十元，那個箱子裡小一點的，一隻一百元。」

我仍然感到吃驚，眼前這隻稀罕的黃金鼠雖是變種，又是長毛，也仍然是一隻老鼠，一隻老鼠賣到一千八，在我的想像中是不可思議的。

我隨著走過黃金鼠的攤位，隔壁正好是賣大陸陶瓷的攤位，一個米粒燒的瓷杯賣二十元，一個很好的宜興陶壺賣五百元，看著這些來自彼岸的物品，使我想起一隻長毛黃金鼠的價格，正好是三百六十元人民幣，很多大陸人民工作兩個月的薪資，還比不上一隻老鼠的價錢，這樣想，使我感到一種幽微的痛心。住在台灣的人，玩狗、玩鳥、玩猫之不足，玩紅龍、玩娃娃魚，現在竟可以花一千八百元來買一隻老鼠了。

幾天前看報紙，知道台北的寵物店無奇不有，鱷蜥與變色龍一隻要價七千元以上。甚至有人進口青蛙當寵物，小丑蛙一隻兩千五百元，綠樹蛙七百元，最普通的紅肚青蛙，一隻也要賣四百元。我不能了解爲什麼有人要花昂貴的價錢養這些野生動物當寵物，是爲了時髦、好奇或是無事可做呢？

正在這樣想，已經不知不覺走到夜市的盡頭，看到有一堆垃圾，周圍有兩三隻狗、四五隻猫正在覓食垃圾裡的食物，我在旁邊仔細地觀察著牠們，狗是比較無覺的，對於我的注視渾然無知，或者說是懶得理睬。但敏感的猫很快就查覺到，警覺地抬起頭來瞄我許久，發現我並沒有要趕跑牠們的意圖，便繼續埋首吃垃圾了。

其中有一隻，外形特別美麗的，看了我一眼，立刻有些羞赧地跳下垃圾堆，牠那躍下來時優雅與敏捷的動作似曾相識，呀！竟是我從前飼養過的那種白色長毛的波斯貓。我不敢確定波斯貓也會流落到垃圾堆撿食物，不敢確定被稱為「白貓王子」的波斯貓竟沒有疼惜牠的主人，於是跟隨牠走了一段路，直到燈光燦亮的路燈下才敢確定，沒有錯！是一隻波斯貓！

是因為年紀老了？或者因為生病了？或者，是走失了？亦或是，主人養膩了？這純種，有著美麗白毛的波斯貓，竟被牠的主人棄養，淪落成為街頭流浪的野貓。當我思惟的時候，白貓垃圾王子，迅速越過街道，消失在對街黑暗的小巷之中。

2

人間的是非正是如此難以評斷，長毛的黃金鼠以一隻一千八百元的價格被當成稀有的寵物；同樣是長毛，一向被當成寵物的波斯貓，流落在夜市的垃圾中尋找食物；這種相反的生命情境，使我有一種深刻的荒謬之感。

猫鼠原沒有固定的價値，只是由於人的好惡而顯出貴賤，當一隻優雅的波斯猫在垃圾中尋找食物，牠的內心是不是也有如是的感歎呢？

當然，我並沒有資格評定動物的貴賤，只是我知道，不管面對什麼動物，我們都要有珍惜的心。我相信，不能愛惜猫的人絕對無法疼惜一隻老鼠；我也確信，不能愛惜田間青蛙與蜥蜴的人，也絕不可能對變色龍或小丑蛙有眞愛的心。

即使不是寵物，像提供我食物的牛羊雞鴨，不斷的奉獻生命，死而後已，我們的心裡可曾有一絲疼惜與感念呢？

當我們買一千八百元的老鼠之際，我們是眞愛那隻老鼠，還是重視那個價錢？如果長毛黃金鼠一隻賣十八元，我們還會寵愛牠嗎？當我們花兩千五百元買一隻青蛙的時候，是因爲價錢而重視青蛙，還是眞愛一隻青蛙呢？如果眞愛青蛙，市場裡多的是，一斤才四十元呀！

在人世裡，我們重視一個人不也如此嗎？往往重視的是附加在人身上的名利、權位、甚至是外表的美貌，而不是珍愛一個人眞實的本質。導致那些標了許多外在價值的人，名片上印了許多頭銜的人，空有美貌的人，竟成爲人生舞台上的主角。

名利、權位、外貌是使人認識本質的材料，並不是本質，把本質與外在的材料混爲一談，使大部分的人都成爲分別心的奴隸。

我們愛寵物的時候，往往愛的的不是寵物的本身，而是愛牠的血統，愛一種虛榮的欲望。聽說這幾年的寵物界，流行飼養台灣土狗，一隻的價錢可達幾十萬，一黑、二黃、三花、四白，純種的台灣黑狗，一隻要六十萬台幣，價值遠勝過西藏的獒犬，想到十幾年前，賣香肉的也是以一黑二黃三花四白來排名土狗的價錢，到鄉間去論斤搜購或獵捕，想起來眞是令人浩歎！

做爲土生土長的台灣人，是不是願意像土狗一樣，剝除經濟的外貌、社會的迷思，來正視自己的本質呢？若不能正視本質，往往會落入貴鼠賤猫的境地。

如此深切的思惟，使我在散步回家的路上，感到無奈與悲涼，在黑暗的星空下，體覺到秋意已悄悄籠罩整個城市。人的虛浮與無知，往往使人看不見一寸之前就是黑暗之鄉，衆人在噴火的山上，享受著跳舞的快樂；挑著欲望的籮筐，跟隨煩惱的節拍合唱；不斷的在黑夜中，撲向路旁的街燈旋轉，像一隻渴望焚燒的飛蛾。

我靜靜的走回家，像一隻孤獨的、有些羞怯的波斯猫隱沒於街口。唉！誰願意與我一起張開觀照生命的活眼呢？

3

在這個混亂的現代世界，擁有「活眼」乃成爲追求智慧的人所必需。

《西遊記》裡，孫悟空有一對終日閃閃發亮的「火眼金睛」，傳說妖魔鬼怪在他的火眼金睛中無所遁形，現出原形，一棒打殺了去！我們雖然不能像孫行者看到世界的妖魔鬼怪，但我們要洞悉自己的煩惱，看到自己的不安，見及自己的渺小與有限，卻並不難，這就是「活眼」。

相對於活眼的，就是「死眼」了，死眼就是看不到一寸之前就是無邊黑暗的眼睛，看不到無常的緊迫，也看不見煩惱的奔流，看不見每件東西都有灰塵，看不見任何人都有缺點呀！

死眼，其實就是俗眼！

佛陀在《大無量壽經》中說的一段話像詩歌一樣，喚起我們內在覺悟的呼聲：

世人薄俗，共諍不急之事。

無尊無卑無貧無富，少長男女共憂錢財。

有田憂田，有宅憂宅。

適有一復少一，有無同然。

人在世間愛慾中，獨生、獨死、獨去、獨來。

我們對人生的算計夠多，但反而眞正急切的問題很少被計算，例如：我們是不是比昨日更有智慧？我們是否更深刻的體驗了無常？我們有沒有與萬物一心的慈悲之念？我們有沒有徹見生命的眞價值呀！

這些對生命眞價值的觀照、計算、思維，就是生命的活眼。

那就好像從前的宗族社會，爲了抵禦外侮，在圍牆上總會開出幾方活眼，那活眼小到敵人的武器槍炮不能伸入，卻大到可以看到百里外的危機，有事沒事從活眼看出去，才不會到被圍城時措手不及。

我們要開幾方活眼，與生命環境保持著若即若離、不即不離的態度，活眼雖小，卻可以望見百里外的雲山哪！

4

這一册《在蒼茫中點燈》，就是希望能在苦惱不安的生命中點起一盞燈，讓我們擁有觀照生命實相的活眼，有妙觀察智、有平等性智、有成所作智、有大圓鏡智，向外，看見事物的本體；向內，體察佛性的眞實；這種體察或觀見如果得到落實，就如同在渺渺茫茫的原野，突然看見草原盡頭有一盞燈，那種感覺眞的很好呀！安心了！從此大安心了！

眞實的佛法是教人安心之法，眞實的佛法是教人活出生命價值的法，眞實的佛法是在萬劫的蒼茫中點起一盞引路燈的法。

這本書的立足點就在此處，收集的六篇演講是我在菩提園和社會大學的講詞，趁著校對之便，仔細重溫自己幾年來走過的道路，眞是感謝佛恩、父母恩與衆生恩呀！

感謝菩提園的紀顯曄兄、社會大學的呂學海兄，他們是促成這些演講的人；感謝圓神出版社的簡志忠兄、廖閱鵬兄，他們的辛勞，使這本書保存了演講時的氣氛，更爲可讀。

但願衆生讀了本書，都能自己點燈，法燈明、自燈明；法依止，自依止；一起走向覺悟之道。

南無佛陀耶！

南無達摩耶！

南無僧伽耶！

一九九一年中秋台北永吉路客寓

目錄

六、走在台北的禪心與禪智 201

蒼茫的智慧

各位大德，阿彌陀佛！今天是十二月二十七號，再過幾天就是新的一年：一九九一年。依照西方的說法，再過四天這個世紀要進入世紀末，也就是每一個世紀最混亂最黑暗的十年，這個世紀末是個不好的開始，所以今天我們要講的題目叫：蒼茫的智慧。

世紀末的禪，也就是一個人在世紀末應該用什麼樣的方法、態度來修行，什麼叫做「蒼茫」？用台語講叫做「茫茫渺渺」，我們這個時代馬上要進入茫茫渺渺的時代。如果各位開車上高速公路就知道，在行經三義或泰安那一帶，通常會有濃霧，雖然開著車燈，但是仍然感覺能見的距離短，只能見到五公尺或十公尺，因此我們的速度就要減慢，這個時候打開的強燈，就像是蒼茫中的智慧，也就是說在這個世紀末的濃霧裡我們要保持怎麼樣的修行速度與方法面對這個世紀末的來臨。

世紀末不只是西方的說法，幾乎所有宗教都把這個時代看做是一個壞的時代；我們佛教把這個時代叫做「末法時代」，也就是佛、如來離我們愈來愈遠，菩薩愈來愈少，得到解脫證果的人愈來愈少。

基督教把這個時代叫做「末世」，世界末日到了，最後的審判要來了。在台灣南部有一個地方叫六龜，六龜有一座山「錫安山」，有好幾萬名基督徒聚集在那裡等待世界末日的來臨，他們認爲那裡是整個世界的諾亞方舟，當這個世界毀滅的時候上帝會來這個地方接走他們。我從前去那裡採訪時有一個奇怪的印象：「爲什麼上帝只來這裡接走他們，不去別地接別人？」但是他們對這個說法深信不移，可見大家都非常的恐慌。聚在那裡的基督徒拋棄了他們的家庭、職業，在那裡過著團體的原始生活，他們深信那裡就是最後解脫的地方。

其他宗教把這個時代稱爲「末劫」、「三期末劫」等等，不管是末法、末日、末劫、三期末劫……，所說的一個共同的聲音就是：「在這個時代修行是很不容易的！」不說修行，在這個時代要「安頓」身心都是不容易的，在這個時代裡人要過得快樂一點是很不容易的，爲什麼？原因何在？我想有兩個很重要的原因：

第一個，外在的環境逐漸的混亂敗壞。

第二個，內在的欲望不斷的增長擴張。

◎現代人的負擔

首先，我們感覺到身爲現代的人有幾個重要的特色：一、我們的負擔比從前的人重，放下不容易。我記得在小時候所有的家產大概是只有幾張桌子、椅子，每個人有一件衣服，所以我在初二的時候我們本來是個大家族，分財產只花了兩個小時就把財產分完了。不久之前我有一個朋友離婚，我們去幫他辦分財產，分了五天五夜還分不完，兩個人就這麼複雜，可見大家的負擔愈來愈重，家裡一大堆東西，沒有辦法過像以前人的生活。以前的人只要有幾張桌椅一張牀，每天只要吃飽飯，日子就不錯了，覺得過的很好，但是現代人卻有愈來愈多的放不下！例如永遠覺得房子不夠大，再大一點多好，可以放置多一點東西，爲什麼有這麼多東西？因爲負擔愈來愈重。

二、現代人很忙碌，沒辦法專注一件事情。以前的人每天只做一件事情，例如今天要除草，全家都去除草直到太陽下山，回家吃飯；或是要施肥，全家都去施肥。在做這件事情的時候是非常專注的，這種專注的態度與修行很相近。現代人則不行，一早起來就忙得很，很多事情要處理，這樣的話就不能專注的做一件事情，如果一個人可能專注的做一件事情，就可以達到有點相似禪定的境界，無心的境界；你雖然在插秧、在施肥、在種稻子，但是你的心可以處在一種安靜的狀態，無污染的狀態。記得我有一年到高雄加工出口區去採訪那裡的女工，她們裝配收音機、電視機等，她們一長排羅列著而機件從前面過來，每一個人的工作只有單純的一項，好比把螺絲釘鎖上去這樣，我看到一排有三十名女工有十幾個在睡覺，令我覺得很震撼，她們時間算的很準，自己彷彿就是機械一樣，處在一種無心的狀態，這種狀態和禪定蠻接近的，唯一的不同是這其中沒有覺。

三、這個世界相對的縮小，要管的事情愈來愈多。現代人要去日本、去美國、去歐洲都已經是天涯若比鄰的簡單了，例如今天下午我跟一位剛從加拿大回來的朋友聊天，她是教育心理學博士，從前很不會唸書，高中唸了三個學校，留級一年。考上大學後，在美國念碩士，在加拿大唸博士，然後嫁給一位小她七歲的先生，這位先生來自中國大陸北京。感覺起來這個世界多麼小啊！我們所經驗的人生和以前的人有很大的不同，幾年前的人一輩子所走的路很可能沒有今天一天你走的路多，你今天搭飛機到美國等於以前的人一輩子走的路。

這個世界距離縮小，相對的我們要管的事情就多起來了，你可以想像每天打開電視和報紙，你可以管多少事情，要管到底美國和伊拉克開戰了沒有？其實美國和伊拉克打戰和你關係並沒有那麼密切，但是這個世界相對的小了，所以你就感覺很密切。我們要管德國統一，管東歐貿易，管蘇聯市長來台訪問，甚至要管立法院常常打架，管安非他命，管黑槍，管流氓與警察，這個世界變得那麼小而事情變得那麼多，可不可以事情管少一點，一天只看一份報紙看三十分鐘，這個時候管的事情就減少很多，不要讓這這個世界來轉動我們。

四、現在世界的流動與變化非常的巨大，使人沒辦法安定，每天都發生許多無常的事情，這個世界每天是這樣在變動的，我們要不隨著世界變動而活在這個世界上是很困難的，外界不斷的有事情在發生並改變。

◎成爲兩極化的人

第二個使我們發生混亂的，是我們的慾望不斷的在增長擴張。其實，做爲一個人基本的生活是很簡單的，其他多出來的都是慾望，當然我們本來就有慾望，可是與外在世界相映，這慾望就更加的強大，這是一個消費的社會，爲了要消費所以我們的慾望就增長，我們可以從忠孝東路開始走，短短的一段路上有好多家大型的百貨公司，很多服裝、皮鞋店，很多吃的東西都來勾引我們的慾望，其實回家打開衣櫃你會發現這輩子你不可能把你所有的衣服都穿破，爲什麼還要買衣服呢？這就是爲了慾望。把鞋子擺成一長排，這一輩子也不可能把所有的鞋子全部穿破，爲什麼還買鞋子呢？仍然是慾望。

這種內在慾望的不斷增長，使這個世界上的人兩極化，第一個極端就是像機器人一樣，每天都和機械相處比和人相處的時間還長。有一天我在餐廳吃飯，看見旁邊一桌八個人圍一圓桌，桌上擺了八架大哥大電話站著。人人供奉著電話，一下接一下打，忙得不得了，連吃飯都不能好好吃一頓。當時我很感慨，我們在家裡都很怕接到電話，想把電話關掉。我在家裡就很怕接到電話，余光中先生說：電話是「催魂鈴」，不管你在洗澡上廁所它都可能會響，不斷催促你緊張的心靈。但是爲什麼有很多人在浴室裡要裝電話、在餐廳裡要帶電話，隨時和這個世界保持聯絡？第一、因爲他們和機器相處已經變成習慣了。第二、只有這樣子才能感覺到自己被這個世界所需要，帶著大哥大隨時都有人呼喚他，顯得自己很重要，隨時可以把事情吩咐下去，在街上常常可以看到人一邊走路一邊講電話，這實在違反交通安全也違反禪定原則，禪定是要「一心一境」，也就是說吃飯的時候好好吃飯，不要想電話的事情，喝茶時好好的喝茶，品味茶的滋味，也就是一心一意，處在一種不被外在所主宰的狀態，如果你帶著大哥大就不行，你會常被這電話主宰而不能主宰這電話，因爲我們和機器相處時間這麼長，我們很依賴它，所以如果有一個人，把他的機器都拿掉，他很可能陷入一種不能生活的狀態，例如洗衣服沒有洗衣機怎麼洗？煮飯沒有電鍋怎麼煮？沒有微波爐怎麼熱菜？不會熱菜！沒有傳眞機怎麼辦？沒有電視電話怎麼辦？只要我們能在一天以內完全不要和機器相處，那麼我們就能發現這個世界更溫暖一些，爲什麼人處在機器裡面能感到安心？因爲機器是不會反叛的，機器是聽你指揮而不會指揮你的，所以你就習慣了，因爲你只喜歡得到而不願意付出，這樣的人也像是機器人一樣。

另外一種人是衣冠禽獸，就是完全依靠感官來生活，只有感官可以指揮他，精神不能指揮他，這種人在做一件事的時候不會考慮到其他的事情。譬如最近有一個綁架案，一下要一億！多可怕！這人要一億做什麼？有一天有一個小學五年級的學生問我：「叔叔，聽說你是一位作家，請問你寫一個字可以賺多少錢？」我說我寫一個字運氣好大概可以賺到一塊錢。「哇啊！那什麼時候才可以賺到一億啊？」我聽到嚇了一跳，這孩子知道一億是什麼嗎？我就問他賺到一億要做什麼？賺到一億要怎麼花？一億對我來講是一個可怕的數字。所以我告訴他說，其實一個字一塊錢並不少，想想看如果我一天寫六個字我就可以買一個饅頭，這饅頭就可以吃飽，一天如果寫十個字就可以買一把青菜，一天如果寫十五個字就可以買一斤蛋，一天如果寫十七個字就可以買一斤蓬萊米，一家人吃不完，所以一天的需要不會超過一百個字，我就問他：你知道一億有多少嗎？他寫了好多零寫成一長串。我想對於一個恐嚇一億、要求一億的人是他的慾望那麼大，可是他並不知道這一億要做什麼，一億是一個很大的數目字，我們不知道怎麼運用它、會被它埋葬的數目字，每天我們在電視報紙上所看到的數目字很少人講十塊五塊一百塊，這都上不了新聞的，至少要一千萬才上得了新聞，動不動就上千萬上億，看久了以後，連一個小學生都知道一億的數目字。

我小時候知道最大的數目字大概是五塊，五塊就很了不起，如果有一塊錢就可以買很多東西，我們去揀壞銅舊錫一天只能揀五毛錢，想起來這個世界變化多大，而這種變化多因爲感官主義，大家都覺得需要很多錢，就變得無所不爲來滿足我們的感官，你賺到一億每天去喝酒吃飯，一天就花掉幾十萬，這是很常見到的，而後因爲這種感官主義而沒有辦法維持正念，警察和流氓都一樣喜歡勞力士滿天星。我手上的錶是一百九十元買的，如果你有一個一百九十元的錶來看時間看的很準，那就非常好了，不一定需要滿天星，如果不知道時間是非常可貴的，要滿天星又有何用？這個時代正邪難分，連警察都有可能犯下大罪，有一個警察局長說的好，他說：警察的操守要做到如果走進一座金庫沒有人知道而走出來，不會把一塊金子放在口袋裡。我想一名佛教徒應可很容易做到，走進金庫空手而出，因爲這些金子與我們無關，做到這樣我們就能從感官中超脫出來，不會因爲外在的流行與變化而失去了人生的目標。

◎現代人失去心靈的能力

人的兩個極端易使我們失去兩個東西：一、使我們失去覺察與觀照的能力，無法覺察人生的價值，也不能觀照人生眞正的價值。二、失去心靈的能力，心靈逐漸萎縮，不懂得欣賞美的東西，不懂得感受這個世界，不懂得如何提昇內在的品質。

由於「外在環境的混亂與敗壞」，還有「內在欲望的增長、心靈萎縮」，使現代人雖然科學發達，且比以前人有錢得多，但是現代人的煩惱、恐懼、不安、動盪並不比以前人少。

理論上，這個時代進步了、發展了，我們應該過得比以前的人好，但是大部分的人都會承認我們並沒有過得比以前的人更好，這時候我們應該來想原因，爲什麼沒有過得比以前的人好？反而更苦惱，現代人大部分是痛苦的，愛情、家庭、婚姻、子女、事業、教育……給我們許多的煩惱痛苦，這種痛苦是處在內在與外在交煎的狀況，我們要尋找心靈和精神的出路顯得非常的困難，很難找到我們心靈的故鄉，這種狀況就是蒼茫的狀況，尋找不到歸屬和寄託，因此現代人發展了一種從前任何時代所沒有的事業叫做「麻醉事業」，想想看現代人有什麼東西可以麻醉的：酒、香煙、檳榔、可口可樂、鎮靜劑、安非他命、大麻、紅中、白板、強力膠……這麼多東西麻醉我們，這些東西在全世界上生產速度快速驚人，甚至每天交易都是以幾億美金在進行的，每天都有不計其數的人在這些毒品、麻醉事業中沈淪。

爲什麼麻醉事業會這麼發達？因爲！找不到歸屬，找不到歸屬就不能安頓，其實這些麻醉物都是很臭的，有一次我在西門町的公共厠所看到幾個小孩大約十四、五歲在那裡吸強力膠，站在遠遠的地方聞起來就覺得非常臭，可是那些孩子的臉我永遠都不會忘記，驚慌、失措、慌張，沒有歸屬的表情，現代人居然要依靠強力膠這麼臭而難聞的東西來麻醉自己，使自己感覺好像得到解脫，其實則是更深沈的沈淪。

有什麼更好的東西可以使我們超越而找到歸屬？我想那就是宗教，當然還有很多藝術、文學、運動、休閒……等等很多，只要讓我們身心能有安頓的力量，那就可以使我們心靈找到歸屬。這些心靈歸屬裡面最有效最直接的我認爲是宗教，宗教裡面，禪可以使我們很快的得到歸屬，所以我把禪稱做是世紀末的「智慧之燈」，就是蒼茫裡的智慧之燈。

蒼茫就是茫茫渺渺，也可以說是人生的遺憾，這個世界是充滿遺憾的，說到這人生的遺憾有一本小說講得好，那就是《紅樓夢》，我們用紅樓夢的觀點來看看這個世界的遺憾：紅樓夢中女媧用五色石補天，女媧一共用了三萬六千五百零一塊去補天，結果全部補滿了，剩下最後一塊，她把這一塊丟在青埂峰上，這一塊頑石後來投胎到這個世界做人就是賈寶玉，賈寶玉是因爲被兩個修行人撿到然後投胎到這個世界，這兩位修行人一位叫「茫茫大士」，另一位叫「渺渺眞人」，所以一開始就是一個蒼茫的開始，充滿遺憾。

這賈寶玉在人間的經歷充滿了繁華、情欲、還有混亂，最後他出家，他在出家的時候說他要歸彼大荒，回到大荒山上。這個故事給我們兩個非常好的啓示：第一個啓示是人人都是女媧補天剩下的石頭，這個是「假的寶玉」而不是「眞的寶玉」所以才叫做「賈寶玉」，什麼叫做假寶玉而不是眞寶玉呢？就是金玉其外敗絮其中，你在街上看到人人都穿戴美衣，噴昂貴的香水，每人看起來都很好的樣子，但是人人的內在都充滿著不安、煩惱、痛苦，還有憂愁，這就是敗絮其中。

第二個是人生充滿了遺憾。爲什麼補了三萬六千五百個石頭，剩下我一個把我丟下來，丟到人間，這個人間本來就是遺憾的，這個人間在佛教裡叫做「娑婆世界」，也就是還可以忍受的世界之意，充滿遺憾的世界、不圓滿的世界。另外這故事還有一個很好的象徵：三萬六千五百零一個石頭，如果把人生攤開來算，如果一個人可以活一百歲，他的一生正好有三萬六千五百零一天，人生無常，三萬六千其實是非常短暫的，怎麼樣來彌補在人生裡痛苦不能滿足的遺憾？

◎尋找心中的寶玉

第一就是要找到心中的寶玉，在佛教裡說人人皆有佛性，使佛性顯現出來。第二就是透過觀照來提昇我們的心靈世界趨向圓滿。第三就是要解脫生死，只有如此才能超越無常，也就是說要使我們的生命開展出更大的時空。

人有古代和現代之分，但煩惱、痛苦、動盪、不安並沒有時代的分別，每一個時代的人都被情欲、煩惱所苦，爲什麼我們要講世紀末的禪呢？特別是世紀末的人沒有辦法像古代的人一樣，自己跑到深山裡去修行，必須要在人世裡修行，而修行還渴望開悟，渴望解脫生死，怎麼在日常生活裡得到智慧？在生活裡面悟道解脫？今天我們的重點就是希望把禪宗高深的禪悟落實到世俗的生活中，也就是在生活中找到禪的本質，然後得到超越。

禪，這個字左邊是表示的「示」，右邊是單純的「單」，也就是單純的表示、單純的態度、單純的生活、單純的心叫做禪，簡單的說就是一心一境，常常保持在一心的狀態，每一個心只生一個境界，這就是禪，也就是身心在統一和諧的狀態下。要達到這樣的狀態我們必須了解禪的幾個本質：一、專注，也就是透過專注的訓練可以使我們做身口意的主人，做我們身體、行爲、語言、意念的主人。要達到專注有三個簡單的方法，每個人都可以做的，第一盡量保持身心的清淨不與惡緣相應，你明明知道這人是壞的還故意去和他親近，這就會使你身心不清淨，如果以菩薩行來講，當然菩薩不分善惡都會去解救，但我們今天並不是菩薩，所以我們要保持我們的因緣處在一種好的狀態。

有一天我到外地去演講，講完以後有一位老人在門口等我等了很久，我正在和其他人討論，看到那老人很奇怪站在那裡，一動也不動，我抬頭看他一眼突然閃過一個念頭：這老人怎麼長的那麼像牛啊。結果講完出去，這老人就過來跟我握手遞一張名片給我，上面寫：中國牛肉大王。我看了大吃一驚，果然爲什麼會長得像隻牛！他每天殺很多牛，他很爲此感到痛苦，他問我：像他這樣每天殺幾十頭牛的人有沒有辦法修行？我告訴他：沒有辦法。因爲這兩個是衝突的！唯一的辦法就是即刻開始就不要再殺牛了，因爲所有修行的功德都抵不過殺一頭牛，這樣的修行沒有利益，不能增長。這就是不要和惡緣相應，如果和惡緣相應就會被惡緣所轉，否則也可能被污染，這就是爲什麼所有的大乘經典說我們要常親近善知識，要遠離惡知識。

怎麼不和惡緣相應則要守基本的五戒，不要去做傷害衆生的事情，就不會和惡緣相應，儘可能的去除我的三毒：貪、瞋、癡。怎麼去除三毒？當我們想到貪也就是我們的欲望不能止息，明明已經夠了，但老是覺得不夠叫做貪，所以我們不去簽六合彩大家樂，不去買股票，不是這些東西不好，而是它容易引發我們的貪念，會給我們製造惡緣。因爲心中有貪著就會生起煩惱不能保持專注。瞋，並不是不生恨或不生氣，不瞋就是不和這個世界形成對立的態度，永遠對世界保持一個好的觀點，看到人、事、物都是正面的、好的，這樣自然的我們就不會瞋、生氣，爲什麼會瞋會生氣？就是常常看不順眼不習慣的關係。有什麼辦法可以使我們不對這世界生氣？佛陀教我們一個原始的方法：把所有男人年紀比我大的都看成是我父親，年紀比我小的都看成是我兒子，所有女人年紀比我大的都是我的母親姐姐，所有年紀比我輕的都是我的妹妹女兒，這時候對立就可以化除了，不會因爲別人罵一句而要回十句，對立會轉化我們的觀點，使我們處在一個不好的態度中。

佛教裡有一個故事，一個老太太有兩個女兒，一個在賣香，一個在賣傘。如果好天氣，她就很煩惱她那賣傘的女兒生意會不好，如果天氣壞了，她也很擔心她那賣香的女兒生意會很差。有一天碰到一個有智慧的人告訴她應該這樣想：碰到天氣好，那賣香的女兒生意一定很好；如果下雨了，就想那賣傘的女兒生意會很好。從此那老太太天天都很快樂。所以要常常保持好的觀點我們才不會被生活所轉動，也就是不和一切事物對立。不會有對立並不是對壞的東西不敏感，而是保持一種悲憫的態度。

第二、不癡，就是不做明知愚笨的事情，明知強力膠不好就是沒法控制，就是愚癡，吸安非他命也是愚癡。我家樓下設了一家釣蝦場，每天都看見一些傻瓜去釣蝦，釣蝦場很小，中間一個水池，每個人旁邊有個小火爐，現釣現烤現吃，怎麼這麼傻，這個世界這麼可貴，怎麼把一整天的時間耗在那麼個小地方釣蝦？如果眞的愛吃，去市場買一百元可以買很多，爲什麼要去釣蝦，這個就是愚癡，不會做有意義的事情。開釣蝦場的人也是愚癡，你看這世界上有那麼多有意義的事情可做，偏偏要開釣蝦場，使很多人因此而無知造業。所以在佛教講八正道，正當的職業是很重要。不要癡，不要做明知是愚笨的事情。

常常檢驗我們的身、口、意使我們的心不向外馳求，知道一切都是無常的，包括我們的心，我們的心是不斷在波動沒有一刻止息，沒有一個人可以永遠維持心在一個好的或是平靜的狀態，所以我們要不斷的轉化讓心好起來，這種轉化在佛教裡稱「任運」，不管世界如何轉化，你都可以用一個很好的觀點來對待它。爲什麼心念是無常的？因爲我們不可能同樣的保持在一個狀態，譬如你今天很生氣，一早起來想持續二十四小時都不間斷的生氣，是做不到的，因爲你會忘記了或減輕你的氣，心念本身是無常的，由於這種無常，所以我們要照顧自己的心比去看世界的無常更重要，就是要保持對內心永遠檢驗的態度，這可以使我們專注，使它不會跑出去。

◎學習專心的方法

第三，學習一種可以輔助我們專心的方法。在禪宗裡有很多方法可以輔助我們，譬如靜坐、數息、置心一處、唸佛、止觀等等都可以使我們保持專注，生活裡面當然也有方法可以使我們保持專注，把一件事情好好的去做它，好好的種花、插花、喝茶、打拳、聽音樂、讀書、寫字甚至打掃環境都可以保持專注，只要專心久了就可以使我們無心，專心是開啓我們的智慧，又叫「般若」，無心的狀態叫「般若波羅蜜」，大慧宗杲禪師有一次被一位弟子問道：「般若和般若波羅蜜有何不同？」他說：「無心於般若的般若就是般若波羅蜜。」如果你無心於喝茶而喝茶喝的很好，就是般若波羅蜜，你無心於睡覺結果一覺睡到天亮、不起煩惱不做惡夢，就是般若波羅蜜，透過這些方法可以使我們完全溶入眼前的生活，那麼時間久了就可以一心一境，一心一境才可以昇起眞實的禪悅。

你怎麼樣知道自己學佛、學法、學禪處在一種很好的狀態？這種好狀態叫做禪悅，就是從內心感到眞的很歡喜，這種歡喜不是禪宗才有，一個人吃飯吃的很好、吃得知道每一粒米的滋味，喝茶喝得好，打太極拳打得很順，都可以進入禪悅，聽音樂處在一種很好的狀態也可以得到一種禪悅，也可以說我們在生活裡就可以有禪悅，不一定要學習特別的方法，不過特別的方法可以使我們更快的昇起禪悅，並且使整個生活都保持在禪悅的狀態，也就是我們必須在心靈上提昇，否則人和動物的層次是一樣的。「專注」就是用來提昇我們的心靈，動物很少可以專注的。所以禪的第一個本質是要保持專注。

第二個本質是要保持活力，就是保持生活與生命的趣味，永遠保持在活潑有趣的狀態、有創造力的狀態，在禪宗裡有一個婆子燒庵的故事，說一個老太婆供養一個修行人，為他蓋了一間茅草房在山上，每天送飯給他吃，送了二十年。有一天她要考驗這個修行人，叫了一位年輕貌美的小姐給他送飯去，送完了她叫這位小姐坐在修行人的腿上，看他反應如何，結果這個修行者說了兩句話：「枯木倚寒巖，三冬無暖氣」——就好像枯木依靠在寒冷的石頭上，經過三年也不會產生一絲溫暖——，最後這位老太婆放了把火將庵燒了，把和尚趕走並說：「我二十年只供養了一個俗漢。」這個公案有一個很重要的啓示是說活力是生命裡很重要的東西，如果修行到最後失去了活力是很可悲的。

我們不要失去我們對生命的活力，我們看到歷史上從釋迦牟尼佛開始，每一個成道者都是非常有活力的，觀世音菩薩、文殊師利菩薩、地藏王菩薩、普賢菩薩、大勢至菩薩、彌勒菩薩，他們都令人無比的感動，可以感覺到他們生命有一股非常強大的活力為我們所不及，即使在地獄裡活力都不減的地藏王菩薩，在經典裡面記載當地藏王菩薩走進地獄的時候，所有地獄裡的烈火，都化爲美麗的紅蓮花來承接他的雙足，眞正具備無比的活力，能把火焰都化成紅蓮花。在禪宗，每一位祖師也都是活力充沛生龍活虎，例如百丈禪師，他曾說過：「一日不作，一日不食。」他到九十歲的時候仍然下田工作，弟子認爲師父年高，太辛苦了。就偷偷將鋤頭藏起來不讓師父工作，結果百丈絕食三天，弟子感到奇怪問師父，結果他就說：「一日不作，一日不食。」最後弟子只好將鋤頭還給師父，百丈活到了九十六歲。

另有一位日本的道元禪師有一天看到一名八十幾歲的老典座，也就是在寺廟中煮飯的，他在中午的烈日下曬香菇，道元就勸他：「太陽這麼熱休息一下。」結果這位老典座就回答他：「如果不是太陽這麼熱，怎麼曬香菇！」

盤山禪師有一天在市場看見一個人在買肉，買肉的說：「給我一斤好肉。」賣豬肉的說：「你看那一塊不是好肉？」結果盤山在旁邊就滿頭大汗開悟了！「那一塊不是好肉？」也就是說心靈保持在一個很活潑的狀態、非常有活力的狀態，所以生活裡每一天都是非常好的，雲門禪師說：「日日是好日」。龐蘊居士說：「好雪片片，不落別處」。每一片雪落下來都是非常好的，每一天都是很好的日子。另有一位禪師說：「一般人之所以過得不快樂，是因爲不肯承擔。」爲什麼不肯承擔？沒有活力之故。

有一天我到慈濟去演講，碰到謝冰瑩居士，她今年八十六歲，我們一起去參觀慈濟護專，她從一樓一個人一直走上五樓，我們要上前扶她，她說：「如果你扶我，我就不會走路」。當時令我很感動，八十六歲身體依然這麼有活力，充滿健康氣息，仍然四處參與活動，叫人敬佩。不久之前，美國舞蹈大師瑪莎葛蘭姆率領她的舞團在台北國家劇院表演，她本人九十六高齡，謝幕的時候大家都熱烈拍掌，非常感動她的精神，第一天表演結束，有一位來賓來看她，這位來賓是攝影大師郎靜山先生，高齡一百歲，當他們兩人握手的時候，旁邊的人都好像聽到國歌一樣肅然起敬，他們加起來共一百九十六歲，而兩人都還在創作，都不擔心死亡的來臨，還在計畫未來的事情。

人應該要不斷的持續保持其活力，到死的那一天都保持著向前的姿勢，這才是人生的目標。這種活力也就是創造力，這創造力來自幾個性格：第一要有「開放的性格」，也就是對這個世界不排斥不對立，常常想要融入這個世界去做一些事情。第二要有「無住的性格」，也就是不執著，永遠保持一個新的觀點和昨天、和上星期、或和去年不一樣，永遠不停留在同一個觀點。第三個就是要永遠向前的性格，每天都向前走，雖然只是一小步。我認爲佛與禪最偉大的精神，就是教我們即使明天要面對死亡，今天也要保持向前走的姿勢，這種態度在禪宗或淨土宗都非常明顯，淨土宗就說即使今天要死也要知道明天還有淨土，倒下來的時候臉朝著光明的方向，這便是淨土宗最偉大的教化。

◎聽見內心覺悟的呼聲

有生命力才可以讓我們覺悟，才可以讓我們聽到內心覺悟的呼聲，如果一個人垂頭喪氣的樣子，這樣的人是不會覺悟的，因爲歷史上沒有人是垂頭喪氣覺悟的，很多人覺悟但都是在行動中覺悟的。禪是要開展我們生命的潛能，也就是我們內在的活力之源，這種活力的開展對於現代人的安頓是非常有用的，簡單的講，禪是一種內在的革命，是反墮落、反孤寂的革命，我不要墮落所以我要學禪、學佛，我不要變成垂頭喪氣、沒有活力、沒有創造力，到三十歲就開始萎縮，所以我要學禪，也就是就從今夜開始我要學禪學佛，就從此時此地開始，這叫做「日日是好日，處處是福地，法法是善法」，你之所以覺得今天不是好日，那是因爲你內在的活力還未點燃。你不覺得現在所坐的地方，是世界上最有福氣的地方，那是因爲你的活力猶未點燃。你不覺得所有的法都是好的，那也是因爲你內在的活力還未點燃。佛教是非常有活力的宗教，是內在革命的宗教，所以佛本身的一大示現就是非常有活力，釋迦牟尼佛成道以後有四十九年的時間沒有一天停止過說法，這是很不得了的，我從年初到今天一共講了一百七十二場演講，我常常覺得倒嗓，覺得很痛苦，但是每次想到佛講經說法四十九年沒有停止過，內在就好像有一股活力把我點燃，佛多麼偉大！我們應該效法，不可輕易倒下來，要勇猛前進。

第三個禪的本質是自由，做自己身、口、意的主人，什麼樣的人可以做自己身口意的主人？就是解除束縛的人。我們的束縛來自於外在感官的覺受，還有內在潛藏的業種，所以自由就是要解除外在感官的束縛和內在業障的束縛，如何能將這兩者解除？第一要知道感官的覺受是盲目愚蠢的，我們常會盲目的去做一件事情，是因爲生活的波動，譬如走過忠孝東路，不小心又買了三件新衣服，不是基於基本的需求，而是基於盲目與渴望，這種情況在台北特別明顯。不久以前台北舉辦了一個歐洲皇后的選拔，爲什麼歐洲皇后要在台北選拔呢？聽說是第一次離開歐洲選拔，一位記者探求原因，結果是因爲歐洲女性主義崛起，大家都討厭選美，就選一個愚笨的地方選美，結果就看中台北了，一個大家都喜歡追求感官的地方。主辦單位還請這些參選的小姐去逛百貨公司，結果發現所有歐洲小姐不論來自巴黎、倫敦等，都說台北物價實在太貴了，貴到看百貨公司物品標價時都誤以爲多寫了一個零，爲什麼這麼貴，台北的人還可以忍受？因爲台北的人盲目了，不知道事物的眞價值。感官的自由來自於心的降服，所以如來有一個名號叫做「調御丈夫」，調御自己的心，使心不隨外境流轉。

第二個，內在業障的降服來自潛意識的淨化，臨濟禪師說：「佛法並沒有一個特別用功的地方，世界上並沒有一個特別的東西叫做佛法，佛法是無處不在的，佛法是在平常裡面無事，心中無掛礙，日常起居甚至大小便、更衣、吃飯、睏倦睡覺，愚笨的人笑我生活那麼簡單，但是這世界上只有眞正大智慧的人才知道我的心。」不要做愚笨的人，不要以爲簡單的生活是不好的，所以學禪的人要保持生活習慣、生活態度和思想的單純，只有這種單純才可以得到眞正的自由，也唯有眞正的自由才可以使我們靈性得到自覺。自由在《心經》中講：「以無所得故，菩提薩埵，依般若波羅蜜多故，心無罣礙，無罣礙故，無有恐怖、遠離顚倒夢想……。」第一句「以無所得故」，如果我們在日常生活都能保持在一種無所得的狀態，那麼就可以得到眞實的自由，可以沒有罣礙、沒有恐怖，可以遠離顚倒夢想。對這樣一個人，他吃一個六塊錢的饅頭，也會覺得饅頭是非常好吃的，對於一個心有罣礙、有恐怖的人即使睡在一億的錢財上，他也不會得到自由。

◎柔軟與喜悅之道

第四個禪的本質是柔軟。具備一顆柔軟心是一切修行的開始，你要慈悲先要有柔軟心，你要智慧也先要有柔軟心，你要發願、你要實踐所有的一切都需要柔軟心，才會昇起。柔軟心就像蓮花開放一樣，保持一種非常清新非常芬香的狀態，這種柔軟心的昇起有一種簡單的方法就是：「要常常心疼，心疼衆生處於迷亂而感到痛苦」。心疼衆生不能認識自己的佛性，衆生在生老病死苦，最後離開這個世界，不能認識自己的佛性使我們非常心疼，希望我們一切的行爲是來實踐這種心疼，並且發下願望使有緣無緣衆生都能得到解脫，這時我們就有柔軟心，如果我們得到柔軟心就有兩個好的東西：一、容易開悟，柔軟的人容易開悟。二、和這個世界保持和諧的狀態，柔軟的人不會傷害這個世界也就不會被這個世界傷害，這種柔軟就像取石投水一樣，水會盪漾但水不會受傷。

有三種例子可以形容柔軟，第一是空氣，要柔軟到像空氣一樣，所以學習佛法最高的境界是空性，空性是無所不包一切平等。第二是水，要像水一樣的柔軟，不管是什麼樣的狀態都不會失去其本質，不論是快樂痛苦都不失去本質。第三是草，草搖來搖去隨風擺盪，它永遠不會被踩扁倒下來。柔道，就是完全從柔軟裡發展出來的武術。柔道的起源是柔道的祖師，有一天從下雪天氣寒冷的屋子裡出來，看見一棵大樹，它是非常剛強的，但被雪的重量壓下來而斷了，而在這樹下的野草卻因爲它們可以柔軟的彎曲而沒有損傷，因此柔道的祖師開悟而發明了柔道。柔道有一個很重要的特質就是要常處在柔軟的態勢中，才可以四兩撥千斤。我們的生活也是一樣，雖然我們的生活像困頓千斤一樣，但是我們有柔道，我們常常柔軟所以可以化解生活的重擔，也就是說禪者或修行人並不是不會受傷害或倒下，而是倒下來立刻可以站起來，因此在日本所有的不倒翁都是用達摩祖師形象做的，並不是說達摩祖師推不到，而是推倒了以後就立刻站起來。所以我們柔軟，內在的善根就會廣大。

禪的第五個本質是喜悅。喜是什麼？我們常說禪悅爲食、法喜充滿，但是有沒有想過爲什麼而喜，什麼叫喜？智者大師在《釋禪波羅蜜》裡講到什麼叫禪悅法喜，他提到四個，第一就好像有病苦突然碰到良藥一樣。第二被煩惱之火燃燒突然得到清涼的水。第三聽聞修行清靜法而心中得到歡喜。第四個不但自己歡喜也願衆生得到歡喜，看到別人的歡喜都爲之歡喜。所以他做了這樣的結論：「禪定、智慧、涅槃都是無上的妙樂，也就是無上的喜。」因此在禪宗裡講四禪八定每一個境界都不一樣，但是不論那個境界都有個共同的東西就是禪悅，也就是喜、要保持喜，眞正在修行得到利益的人，一定可以用喜心來面對世界，這便是日日是好日，因爲保持有喜心。如果沒有喜心，愈修愈煩惱、愈修愈痛苦、愈修愈不知該怎麼辦，那麼這一定是有問題的，如果你修到自己很痛苦，和你住一起的人也痛苦，就必須要考量我們的修行是否得當。

◎永遠的放下與承擔

禪的五種本質：一活力、二專注、三自由、四柔軟、五喜悅。如果一個人修行沒有獲得這五種本質，那麼可能修行是有了問題、走了岔路，因爲所有歷史上的修行者都具有這五種本質，所以我們也要培養這五種重要的本質。這五種本質歸回一個根本的原則就是：「諸惡莫作，衆善奉行，自淨其意，是諸佛教」。所謂「諸惡莫作，衆善奉行」就是一個人要有自律的精神，要歡喜去做好的事情，不要去傷害別人，進而要去做利益人的事情。最近有兩首很流行的歌，一首歌名叫做〈只要我喜歡，有什麼不可以〉，這眞是現代人的心聲，但是不可以，如果傷害到自己又傷害別人就不可以。另外一首歌歌詞不斷重複著一句：「我啥物都不驚！」這也是現代人的心聲，但是不要什麼都不怕，如果什麼都不怕，日後就會遭殃的，所以要常保持戒愼恐懼，不要做壞的事情，要做好的事情。爲什麼要自律呢？因爲唯有如此才能自尊、自足最後得到眞實的自由。

什麼又是自淨其意，也就是要過簡單單純的生活，常常保持在一心一境，不做物質、感官、廣告、以及消費的奴隸，然後要不斷提昇心靈的層次，如此心靈便可得到淨化，淨化之後便有淨土，心中有淨土的人走到那裡，那裡就有淨土。曾經有人問：為什麼有那麼多菩薩到地獄去，他們都不會感覺到地獄的痛苦？因為菩薩心中有淨土，走到哪裡，那裡就是淨土了，如果心中有地獄，走到那裡都有地獄，正如台灣話說的：「牛就是牛，牽到北京也還是牛」。其實淨土不是死後才可以追求的，此刻就可以開始追求。

這三句話總結就是：要永遠的放下與永遠的承擔。對一切都有放下的準備，這就是對無常與緣起最肯定的認識。這一切包括家具、房子、妻兒、父母……都要有這樣的準備，有一天我會放下。在我家有一張我在喝茶的桌子，是有三百年歷史的清朝桌子，朋友都問我怎麼用這麼名貴的桌子在喝茶，我認為這一張桌子在我手上就要好好的使用它，有一天我會離開這張桌子，好好的使用就是一種承擔，把每天都活在一種最大的承擔裡面，我們來到這個世界不是為了敗壞這世界，並且希望這世界不要在我們活著的時候敗壞，這個世界隨時都在改變，希望由於我們的存在使它敗壞慢一點，這就是承擔。

好好使用這個世界碰到我的東西，好好珍惜這世界碰到我的因緣，這便是承擔。

記得宣化上人來台弘法的時候說了一句話：「只要有我在，就不許末法時代的來臨」。聽了叫人肅然，眞是了不起，有這樣的勇氣，有這樣的承擔、有這樣的心，只要有這樣的心，不管是活在佛的時代、活在末法時代、活在這二十世紀的最後十年，都可以以自己爲燈、以法爲燈，走向菩提大道。

禪並不是禪宗特有的東西，而是所有宗派，所有修行都需要的東西，透過禪定，透過在生活裡的運用使我們得到終極的圓滿，這不只是使我們得到來生的圓滿，而是在今生今世就可以得到圓滿。

（賴婉琦整理）

佛陀的花園

做一個佛的弟子，對於佛陀應該有什麼樣的心情、什麼樣的觀點來看佛陀？我覺得佛教徒在學佛的過程的感覺確實好像走進一個花園；本來在外面看這花園看不淸楚，走進去以後，唉！發現花園裏有很多種不同的花，然後每隔一段時間就會發現新品種，也就是說：每隔一段時間我們在體驗上、或見地上都可以有新的觀點、更好的觀點。

常常有很多佛教徒說：「我們學佛應該先建立一個正確知見，也就是正知見。」這觀點是沒錯；可是在這世上沒有一個人有絕對百分之百的正知見，在歷史上只有一個人有百分之百的正知見，就是釋迦牟尼佛；也就是說，我們不能了解佛的知見，在這個情況下，若我們剛開始學佛就要有一固定的正知見，很容易淪入一種狀態：就好像你有一個畫框，拿這畫框去找畫來配，結果到賣畫的地方發現，這些畫沒有一幅可以配你的框，怎麼辦？要把這畫裁掉配你的畫框？還是丟掉你的框？當然，聰明的人是丟掉框，去訂做另一個框，愚笨的人就會把畫拿來裁去兩邊裝入這個框。

我曾講過一個笑話，就是在巴黎有位畫家趙無極，北平的香山飯店在剛蓋的時候，曾量了牆壁向他訂了一幅畫，請他畫一幅壁畫掛在飯店，他就畫了一幅寄到大陸去，沒想到香山飯店在建造過程修改了好幾次，以後牆就改變了，當畫寄到後，發現牆壁比畫短四尺，怎麼辦？飯店的人都不敢做主，就一層層往上呈報，到最上面就是鄧小平先生，他看完公文後在下面批了一句話說：「左右各裁二尺！」其實當我們發現畫和牆壁不配合時，有很多方法：一、可把這畫掛在別的地方，不一定要掛在這面牆上。二、把這牆壁加長。三、把這畫放在博物館。不管用什麼方法，都比把畫裁掉好。

學佛也一樣，學佛不要渴望一開始就要確立非常堅固的、好的、不動搖的知見，因爲萬一你發現你所進入的佛法和原來建立的知見有所不同，怎麼辦？這時要拋棄以前的知見？還是把佛法拿來裁掉？當然最好的方法是不斷拋棄己見、擴大己見、成熟己見，這並不是說對佛去沒有一個基本概念與準備。

今天要講的是：一個人進入佛法的世界應有那些最基本對佛法的觀點，也就是應該了解，釋迦牟尼佛在他的花園裏種那些美麗的花？可能有紫丁香、玫瑰、薔薇……許許多多美麗的花，如果以這種心情就可以越來越發現佛法的廣大、可貴，而在佛法裏受益。

◎打破執著，自在無礙

在《中阿含經》曾有一弟子問佛：「世尊！您可否用一句話來講您一切的教化？」佛說：「一切都不可執著！」他補充說：「如果有一個人了解這句話，就等於了解一切的佛法，如果有人實踐這句話，就等於實踐了一切佛法。」這句話發展成整個佛法重要的觀點。

如《金剛經》：「應無所住而生其心」，即一切不可執著。如「於樂不傾動、於苦不染著」，即一切不可執著。要常常回頭看看自己的執著，理論上說佛教徒應該是執著較少的，但實際上，佛教徒的執著反而較多：佛教徒易陷入的幾種執著：

一、對內道、外道的執著。一開始進入佛法就說我的是正法，你們的都是外道，只有修這種正法才得以解脫；我們不要忘記在佛的教化裏常常講四個字：「一切衆生」，這一切衆生就包括了一切外道、內道，包括已學佛者、未學佛者。

那麼我們怎樣來看待這些衆生，是否我們只跟佛教徒交朋友？只娶佛教徒當太太？只要佛教徒的爸爸媽媽？萬一都不是怎麼辦？如果這一關沒打破的話，我們的生活就會陷入一種執著的狀態，這種狀態會帶給我們痛苦、煩惱；我們知道學佛爲的是要斷煩惱，如學了以後造成更多的煩惱，那就對我們沒有益處。

二、對於有用、無用的執著。什麼是有用？就是來菩提園聽演講、或去參加法會、唸經或唸佛、唸咒、打坐。什麼是無用？就是聽音樂、散步、逛百貨公司、喝茶、吃飯、睡覺；這些都沒用，所以我們只要有用，不要沒用的。可是，人的生活的整個組成是有用及無用組合在一起，而且大部分是無用的，如用佛教徒的觀點來看，我們把每天認爲有用的佛教功課加起來很少超過八小時，在座是否有做超過八小時的功課？我自己是沒有啦！我們把這些有用的扣掉以後，剩下無用的時間至少有十六小時。其實，重要的不是修行時間多長，而是有沒有使佛法整個融入我們的生活和生命的體驗裏，在佛教中有很多、很好的教化，像我在菩提園裏講過，有次我在佛光山，住在那裏，早上拉開窗戶，看到在籃球場上，有十個師父在打籃球，我看了很感動，想到打籃球對師父是很有用的。因爲可以使他們身體健康，可讓他們培養團隊精神和默契，可讓他們知道某些人生的規則，這打籃球對出家師父也是有用的。

事實上，這個世界上並無所謂有用、或無用的分別，各位很多人都讀過《楞嚴經》，《楞嚴經》講到二十五位菩薩的圓通章，世尊叫二十五個菩薩起來報告他們是怎樣修行而得到證悟：其中有十六個菩薩，他們原來在深山修行，一直沒辦法得到開悟，有一天其中的一個就說：「我們這樣不吃、不睡，每天修行，何時才會開悟？乾脆先去洗個舒服的澡再回來修行。」其他十五位說：「好！」結果當他們跳進池塘的一剎那，十六位全得到證悟，洗澡是很有用的呀！民初，有位虛雲老和尚，不小心燙到手，把杯子打破而得到開悟；我們常喝水打破杯子，但沒有得到開悟，這是爲什麼？因爲我們把喝水打破杯子當成是沒有用的東西，我們沒有融入整個生活。《楞嚴經》裏還有一個菩薩聞到別人燒香的味道得到開悟。還有一位更絕，走在馬路上踩到一根刺而開悟。哇！踏到鐵釘也是很有用的，說不定就會得到開悟——對身體、心靈有種新的見解，這時就得到開悟。這是佛教徒易陷入的第二執著。

三、對宗派的執著。認爲我修的法門是最好的、我的師父是最好的、我常去的寺廟是最好的，別人的師父、修行的方法都比不上我的宗派，那就造成一種危機，就是沒辦法對其他師父生起眞實的恭敬心，當我們說歸依佛法僧三寶的時候，僧寶是一體的。對宗派的執著容易產生一個危險就是，沒辦法恭敬這世上很多的善知識，因爲我們只覺得自己的法門是最好的，怎能認識別的法門的善知識，並向他們請教而得到開發？當一個佛教徒陷入這三種執著時——內外道、有沒有用、宗派分別的執著，則他的心已受到限制，就違反佛的教化，違反佛講的一切教化裏最重要的「一切不可執著」，這一切包括對我、人、宗派及對這世間一切的執著，故要常常反省自己的執著，使執著減少或消失，然後得以超越，這是佛講過最重要的一句話。

◎七佛通誡偈

佛講過的最重要的一偈就是「諸惡莫作，衆善奉行，自淨其意，是諸佛教。」這四句偈大家都知道，這在禪宗裏有一個公案：白居易問鳥巢禪師說：「佛法最重要是什麼？」禪師說：「諸惡莫作，衆善奉行，自淨其意，是諸佛教。」白居易聽了說：「這很簡單，三歲小兒也曉得。」禪師說：「這三歲小孩子也曉得，但八十老翁行不得。」這個偈在佛教裏叫：「七佛通誡偈」。因此這偈很重要，是賢刼七佛都說過的偈。我們來講一講「諸惡莫作，衆善奉行」，這在佛教裏是戒的範圍。「諸惡莫作」即是小乘戒的範圍，「諸惡莫作」，即所有的壞事都不去做，「衆善奉行」，是大乘的菩薩戒，如果有一菩薩知道一件好事而不去做，或不起歡喜心、讚嘆心、隨意心，那就犯了戒，因爲他沒有衆善奉行。自淨其意又是什麼意思呢？就是定、慧，使自己清淨的意念，用這清淨意念來止息自己的煩惱，這是所有佛都教導過的法，所以是佛教最根本的精神。

有一次我在一家餐廳吃飯，碰到住在永和的一位密宗上師貢噶老人，跑過去向他頂禮，且請教師父：「可不可以請師父開示，您這一生最受用的一句話？」他說：「每一念頭都是身口意，每一天都是身口意，一輩子都是身口意。」我聽了感動得不得了；意思是說每天都注意自己的行爲、語言、意念，然後一輩子都注意它，就可得到解脫。也就是透過身口意的檢驗來使我們得到清淨和超越，但如何來檢驗？就是諸惡莫作。如菩提園的茶杯很漂亮，喝完把它放在皮包帶回去，唉呀！不行！諸惡莫作，趕快放回去，這就是一個檢驗。衆善奉行？聽說菩提園經營很困難，丟錢時多丟一點就是衆善奉行。自淨其意就是常常回觀自己的心，看心的垢染，有否產生不好的念頭？因行爲易檢驗，意念較不易檢驗。

◎最慈悲的示現

第三來講講世尊最慈悲的地方，我覺得世尊最慈悲的地方是，他是位人文主義者、人道主義者、也是人本主義者，從佛的一生看來，從出生、結婚、生子都是一種慈悲的示現，佛在從前累世都是大菩薩，他竟投生到這個苦難的世界上，並且還討老婆、生小孩，最後出家，這是代表什麼涵意？我覺得，啊！我可以體驗這種慈悲，這慈悲就是，佛示現了：「你們和我一樣雖然結婚生子，只要努力去修行，也可得到成就。」不一定生下來就很清淨而後得到成就；如果佛生下來童貞入道，那我們就很難去跟隨佛陀，因我們無法像他那樣。佛和我們一樣結婚、生子，最後才去出家修行，從這觀點看他，是非常慈悲的，他是以一個人的立場來教化我們的。

當他成就後，也有個非常慈悲的示現，就是回來度化父親，還度化投生到兜率天的母親。也度化妻子、兒子、親戚、老師。佛眞是慈悲呀！所以學佛並不是要使我們變成六親不認、不要爸爸媽媽、老師、朋友、妻子或先生，你看佛就做了這樣的示現，佛成道了之後的第一件事，他走了五百里去度他的老師，就是五比丘，這很了不起，表示他是個很有人性的人、慈悲的人，佛教不是避世無情的，這是佛的人文主義。

佛的人道主義，表現在他對人權的尊重，認爲衆生平等；印度是階級非常嚴格的地方，直到現在還是一樣，所以佛要提出這樣的呼籲：一切衆生平等，這是非常了不起的人道主義。

有一天有一個婆羅門，婆羅門在印度是貴族，是最高階級，跑來和佛討論衆生一律平等、佛性平等的問題。婆羅門問佛說：「明明生下來就不平等，爲什麼你說是平等？婆羅門本來就比較尊貴。」佛就問他一個問題說：「婆羅門如果比其他的階級了不起，那麼婆羅門是不是比其他階級少承受一點因果？減少一點煩惱？或減少生老病死的痛苦？」講完後，婆羅門折服了，立刻歸依在佛座下。

讀到這裡令我們非常感動，在世上有很多不平等，有的人生下來就做大官、有的生下來很貧窮，但他們的佛性都平等，即使地位高的人，也要承受因果、也沒辦法減少煩惱、也要面臨生、老、病、死的問題，從這三個角度看，衆生一律平等。因此在佛的僧團沒有階級，只有先後，先來歸依出家者較大，不管是善根身或大菩薩轉世，都要遵守這先後之道，這是非常人本的，這是站在人的立場來說法、來告訴我們。

佛還有一個慈悲的地方就是佛在一生裏生了好幾次大病，我每次生病時，就想到佛實在很慈悲，他也和我們一樣的生病呀！佛的生病在佛教裏叫「示病」，是一種示現也是一種教化，這示現與教化在告訴我們，佛教是非常人本主義的。

佛是從平常人來達到解脫，從人的立足點來修行，如果他不是以人來成就，就不會那麼令人感動，如他生下來就高高在上，沒生過病，就可以主宰這宇宙的一切，則不會那麼令人感動；哎呀！我也可以親近佛、可以進入佛的範圍，然後我們可以體貼佛跟我們的身體都是一樣。佛並沒有特別的身心，也就是說他是平凡的身心來達到究竟的解脫，故佛陀最偉大的地方就是他並不是天縱英明，不是萬歲、萬萬歲。他有生、死、病、老，佛曾講過：過去的佛都是從人來成就的，因此他說：「人身難得」，所有的佛都是從人來成就的，將來我們也一樣要從人來成就。這眞的很慈悲，如是他沒有這樣示現，我們會覺得人要成就是很遙遠的，這使我們了解到，佛是個活生生的人，有血、有淚、有笑、會生氣、也會肚子餓、肚子痛。佛也會流淚、會笑、生氣、罵人，很多人都沒想到，像佛這麼偉大，怎可能會流淚，但是，不流淚的佛就不夠偉大、不微笑的佛也就不夠偉大，這種認識可以使我們體貼或更接近佛的教化。

◎天上天下，唯我獨尊

接下來我們來講佛陀生平最重要的三句話：第一句話在經典裏說，他一誕生就周行七步，一手指天、一手指地說：「天上天下，唯我獨尊。」這句話聽起來很有氣派，我記得小時候看布袋戲，也曾經看過一齣戲文，朱元璋小時候當和尚，曾講過二句：「醒來不敢屈伸腿，恐把山河一脚穿！」聽後從未忘記過。你看，多氣派！多雄偉！「天上天下，唯我獨尊」，這是非常重要的一句話，也是世界上最早的「人權宣言」，告訴我們每個人都是最尊貴的、無可替代，從天上到天下，包括天上的神、上帝，一切偉大的菩薩，都無法取代我們這樣的尊貴。每次想到這句話，就覺得佛是非常慈悲的，這句話並非說我最偉大，而是每一個人都有一個我，如果我們掌握到這個自我，不被世界所扭曲，則可以說「天上天下，唯我獨尊。」這是佛講的第一句話，也是非常重要的一句話，標明了兩個重點：一是人權。二是佛性。每個人都有一個最尊貴的佛性。

第二句是菩提樹下證道，張開眼睛看到一顆閃亮的星星，哇！非常感性。佛說：「一切衆生都有如來智慧德相，祇因妄想、執著，不能證得。」衆生都和我一樣，有智慧德相，只因一妄想，二執著，所以不能證得自己的智慧與德相。這是很重要的教化，就是如果我們有辦法把執著、妄想拿掉，就可證得如來智慧德相，這是佛證道後講的第一句話。非常重要，要牢牢記住。每次挫敗的時候、在妄想執著的時候、在人生困頓的時候，就站起來說：「天上天下，唯我獨尊。」「一切衆生都有如來智慧德相，祇因妄想、執著，不能證得。」這時就會有無比勇氣，覺得佛陀是我們的背景，支持我們向前走。

第三句話是佛在涅槃時講的話。他講過三句話：一是弟子問他若佛死後應以何爲師，佛說：以戒爲師，如果一個人的修行非常好，了不起，可是不守戒，那麼這個人的修行，都是虛妄，所以要以戒爲師。二是有一個弟子問說：「如果你入滅了，我們該靠什麼來修行？」他說：「自依止，法依止，不餘依止。」三是佛說：「所有有緣、可度的衆生，我都已度了；未度的衆生，我都留下得度的因緣。」我第一次讀到這句話時，流淚了，覺得佛陀並沒有遺棄我們，有因緣可度都已度，未度的如坐在這裏的我們，沒有因緣遇上佛陀的，他也已留下得度的因緣。這使我們對衆生有一個新的開展的觀點，所有未度的衆生，佛都已留下得度的因緣，不管是內道、外道、密宗、禪宗、淨土宗……都有得度的因緣；佛眞的了不起，這是給我們的鼓勵，讓我們充滿希望，這是佛在生平講過的幾句話。

◎佛有三不能

佛教有一很特別的地方，和別的宗派、神、信仰不同，就是佛不是萬能的，雖然我們常感覺佛是了不起的，了不起到抬頭看他時，帽子都會掉下來，那樣高，仰之彌高、鑽之彌堅，但佛非萬能，佛有幾種不能，這叫佛有三不能，一是佛不能度盡一切衆生，二是佛不能化導無緣，三是佛不能滅定業。第一不能是佛雖這麼了不起，但亦不能度盡一切衆生，一切衆生包括坐在這裏的人，都還沒有被度盡，可說佛不是萬能，佛如果是萬能的話，吹一口氣我們全部得到解脫，一印心全部得到解脫，賣一種茶、一杯五元喝了立刻開悟，一世解脫，可是佛不是這樣，他不是萬能，不可能度盡世界一切衆生，連佛都不是萬能，因此世界更沒有萬能的神了。

第二、佛無法化導無緣。這道理也很容易了解，我們做佛教徒常常很挫折、很失敗、很無奈，明明看到一個人，覺得這個人不錯，很有善根、很善良，但說破了舌頭也沒辦法度化他信仰佛教，這時我會安慰自己說：「佛也不能化導無緣，林清玄是何許人也？」這時候內心就可以得到一些安慰，算了吧！等到他有緣再來度化他，這道理很容易了解，佛好像是一大磁場，他可以吸收很多的鐵朝向他，甚至吸收宇宙的磁場，可是要知道，磁場對木頭、瓷器、銅器，對不能相應的東西是完全沒有能力的；佛也想吸引像木頭、杯子、瓷器、銅器，可是因不相應不能化導無緣。當我們看到無緣的衆生時，不要難過，連佛也沒辦法化導無緣的衆生呀！

第三、是佛不能滅定業，我們從前做的業已固定，現在受到果報，佛不能滅我們的定業。有很多佛教徒，當業障現前時，跪下來祈禱求佛，發願說：「我每天拜一〇八拜、唸一千遍的大悲咒希望佛滅掉我的業，減輕我的病痛、希望使我的癌症好起來。」有時候會有效，但很多時候是沒辦法解救了。爲什麼？因爲定業是不能滅的，連佛都不能滅定業，有誰能滅呢？有一個人，就是自己，透過禮拜、修行，還有體驗、對佛的信心，可減輕我們的業障，不能滅並不表示不能減輕、超越，所以佛教有兩句話講得很好，我們佛教徒常講說：最近「業障現前」，但經典裏把「業障現前」也叫「境界現前」，所以「業障現前」就是「境界現前」，這是很深的學問，業障就是境界，如果業障被得到超越，就是境界，沒被超越就是業障，所以要自己來超越它，使一切業障都變成境界。

◎一切諸法，空無有主

佛不但不是萬能，還有煩惱，這是趙州禪師講的，有人問禪師說：「佛還有沒有煩惱？」他說：「有！佛的煩惱就是度衆生，如有一衆生未得度，佛的煩惱就永遠不會止息。」聽起來好感動，所有菩薩都是因衆生而有煩惱，所有菩薩的病，都因衆生的病而有病，剛剛談到佛爲什麼有病，因爲他知道衆生有很多的病，所以病給衆生看，連佛都有病，這給我們一個很好的教化，就是佛與衆生、還有我們是一體的。佛的煩惱就是度衆生，使我們認識一個很重要的東西，就是「因緣」；因緣在佛教裏有兩個重要的偈：一是「諸行無常，是生滅法；生滅滅已，寂滅爲樂。」是說這世間的一切都是無常的，都是不斷在生滅的，當一個人把生滅止息後，就進入涅槃，寂滅爲樂。二是「法從緣生，亦從緣滅；一切諸法，空無有主。」凡是我們在世上所遭遇的一切都是因「緣」而生、因「緣」而滅，並沒有一個永恆的、固定的實體。經典上說，佛爲了前面這個偈，從樹上跳下來供養天帝、釋提桓因，後面這首偈舍利弗與目犍連聽到時，就立刻得到法眼淨。佛教徒要認識到因緣法，唯有認識到因緣法，才能體貼到佛陀的心，知道佛陀爲衆生，所以還有煩惱，因此，我們要了知因緣、珍惜因緣、創造因緣，在因緣法裏要有深刻的體驗。

剛剛講的偈就使我想起這世界上有某些東西被認爲有永恆的價值，這在年輕人認爲是愛情、年紀大的人認爲是親情、更多的人認爲是天堂裏有永恆，可是從這個偈裏可以知道，一切諸法空無有主，也就是不斷在變，以愛情而言，譬如說我很愛一個人，我要永遠愛他，但是不可能，不可能永遠愛一個人，不要說永遠，連一天都不可能保持愛的品質與水準，早上起來就立刻想到他，到睡覺還是想他，但總有忘記的時候，例如早上吃飯時就忘記了愛，刷牙忘記、上廁所忘記。等想起來又趕快愛一下，剛剛怎麼會忘記？

自己都很緊張，愛情這麼不堅固，一下就忘記了。對呀！就是這樣空無有主嘛！它隨時都在變化，不可能天天保持同樣的心情、水準和品質，因緣是不斷在變滅的，認識到這個觀點，就比較容易認識佛法。

佛教導我們最簡易的修行方法是四聖諦：苦、集、滅、道：苦就是世上是苦的，人生是苦的，一切是苦的、一切病痛是苦的。這些痛苦都是由某些原因聚起來的，最大的原因就是情慾的執著，這叫「集」，因爲有情慾、有執著累積起來使我們痛苦，要怎樣消滅痛苦？就是把情慾、執著得到超越、得到清淨：最後是「道」，一切都得到清淨就進入道的範圍，這是最簡單的修行方行。這方法最重要的是「集」，就是情慾和執著，怎樣看待清楚情慾與執著而得到清淨、超越、解脫？佛家有四個簡單的方法，就是四念住：觀身不淨、觀受是苦、觀心無常、觀法無我。

◎四種觀照的方法

觀身不淨，身體是不乾淨的，很容易了解，每天晚上吃很多山珍海味，第二天早上上廁所拉出來的都一樣，都是不乾淨的，不管我們吃了什麼，通過身體就不乾淨了。

很多女士們很喜歡用香水，有種香水叫「毒藥」，最近有種香水叫「輪迴之香」，有一天我看了這種香水的廣告說：「噴了就能解脫輪迴。」但這是不可能的，第二天以後就臭了，這是觀身不淨，身體是不淨的，不管噴什麼東西在身上，很快就會髒了，這很容易觀，你每天出門時找一件最漂亮、乾淨的衣服穿出去，回家以後一定髒了，因爲身體是不乾淨的，所以我們應得到一個啓發：不要花那麼多時間在身體上，因爲每一時刻身體都在敗壞，這給我們很深刻的體驗，就不會再貪愛身體。不貪愛身體的人，比較容易解脫。

接下來是「觀受是苦」，所有的覺受都帶給我們痛苦，要常去感受這種痛苦，不要認爲感受是快樂的，因爲所有快樂的感受都會變滅、敗壞，最後帶來痛苦，但不要認爲痛苦的體驗是不好的，如果你可以觀察到、感受到痛苦，就可以知道痛苦感受是好的，有痛苦的感受勝過一個沒有感受的人。由於我們有感受痛苦的能力、能感受自己的痛苦、衆生的痛苦、世界的痛苦，才懂得去觀照這種痛苦。我們有時會非常悲哀，甚至流淚，爲什麼衆生要受這種痛苦，可不可以得到解脫？這時就會發起精進的心。

三是觀心無常，心念不可能保持在同樣的狀態，佛曾說這種狀態像：「河中草木，前後不相顧望。」好像河裏的草木，在河水上漂流，前面的葉子不會退後到跟後面的葉子重疊，就像我們坐在河邊，把脚伸進河裏一千次，每次碰到的水都不一樣，多有智慧！每次我們思考一件事或去觀照自己的心一千次，你都會發現這一千次都是不同的，所以要去觀照心的無常，不要對心執著，不要執著於永恆的愛，執著這世上永恆的事物。

第四是觀法無我，就是要做到沒有法執，知道法裏並沒有一個主宰。常常做四念住，把念頭常做這樣的觀照，就可以了解，確實人生的痛苦是累積來的，要淸楚這種痛苦，一定要對治四種東西，一就是我們的身體，二是我們的感受，三是我們的心念，四是世上一切的法，透過觀照可以使我們止息煩惱，所以叫「止觀」，有觀才有止，有止才有觀，如果沒觀照的能力，就永遠無法止息煩惱。

我們的痛苦是怎樣生起？在什麼狀況最激烈？什麼狀況下消失？有的人痛苦時，去吃一餐就不痛苦了；有的女生痛苦時去買支口紅、或剪次頭髮就比較不痛苦了；觀照你痛苦的轉變與消失，每次都知道它的起伏就可以掌握痛苦。因此要學習觀照自己的身心，因一個人要保持安定，就要在自己身心的變化裏得到，沒有另外力量可以解決痛苦，只有在觀照身心的變化裏求安定、解決痛苦，在身心不住留裏求解脫，因為離開身心沒另外的解脫，這是四念住，是最簡單的修法。

這是一切大、小乘共同的基礎，所有佛法都是如此，如我們對苦、集、滅、道沒有深刻觀照、認識、體驗，就無法得到解脫。

◎菩薩的花園

最後，我們來談談世尊在他的有生之年，創造的兩大花園，前面講的是自己能力可做到的，可是萬一我們的力量做不到，而且大部分的人都做不到怎麼辦？佛說沒關係，做不到有一個方法，他教我們的方法是菩薩道，剛剛我們講的是自利的法門，自己修行的法門，而菩薩道是「自他兩利」的法門，就是如果我們修菩薩道，不但自己得到利益、衆生也得到利益，如果我們祈求菩薩道、菩薩也會給我們利益。這比較有保障，如果以人的標準來衡量佛陀，佛陀是一位理智、情感、能力都達到圓滿的人格；菩薩是在缺憾中勇猛走向圓滿道路的人格，如果佛是在永恆頂上，則菩薩道就是爬上山的階梯。有位居士我很尊敬，叫張澄基，他出版兩本書《佛學今詮》，就是用現代人的角度來詮釋佛學，他解釋菩薩，下了三個定義：一是志向於菩提的人，立志要做菩薩，這是菩薩的第一層次。第二層次是浸潤於菩提的人，不但發心，還實踐進入菩提道。第三層次是成就菩提的人，把菩薩的一切事物都已做完，得到成就。這三個層次就包括了一切有菩提心的衆生，第一層次就是凡發心立志做菩薩的人，就已進入菩薩乘，第二層次就是去實踐菩提的人，第三層次是成就菩提的人，就是八地以上的菩薩，八地以上的菩薩就可以無限的變化，可以乘願再來，可以對這世界上的一切事物不愛染、不動搖，這比較難以做到，也使我們知道菩薩範圍是非常寬、廣的，在爬山時剛踩出一步就開始爬山，和快到山頂的人都在爬山，都在菩薩的範圍裏，然而講菩薩最重要的就是菩提心。

發起菩提心的三步驟：一是「報恩心」、二是「大悲心」、三是「菩提心」。報恩就是要感受我們活在世上受到很多人的恩惠，上報四重恩，包括佛、菩薩、父母，包括世上供養我們、使我們安頓的人，所以要有報恩心，爲什麼？因唯有報恩心的人，才能眞實、謙卑，由於謙卑才可至誠的禮拜、祈求，也才可至誠修行。

第二步驟叫大悲心，有大悲心才有眞實柔軟的態度，有了大悲心後，就進入菩薩的範圍。很多佛教徒把慈悲與菩提混爲一同，其實，兩者有不一樣的地方，第一是覺悟：菩提裏有很深刻的覺悟，有很多人有慈悲但沒覺悟，不能說發起菩提心。第二是大悲，第三是智慧，第四是願力，四者合起來才叫菩提心。

報恩心與大悲心是爲了要下濟衆生，菩提心是爲了上求佛果，要像佛一般有覺悟、有慈悲、有智慧、有力量，有了菩提心的人就可除掉兩個障礙：一叫煩惱障、二叫所知障，所有的人都了不起、所有世間的學問都值得學習，這就不會被知識障礙，而吹毛求疵了。

世尊的時代常常有人和他討論一些無關緊要的問題：如宇宙是有限或無限？靈魂是否永遠存在？世尊都拒絕回答。他說過一個例子：「如果有人被毒箭射中，最重要是趕快把毒箭拔掉，而不是研究箭是銅做的或木頭做的？箭上面沾的是什麼毒藥？是從那個角度射中？研究它是沒有用的，最重要是把它拔出來。爲什麼？因爲分析的認識是有煩惱的，是有障碍的，煩惱就是毒箭，不要研究煩惱是什麼品質、從那裡來、誰射給我的？而是去研究我如何解決煩惱。」菩提心是很好的方法，因爲它有覺、悲、智、力，菩薩乘裏還有很重要的法門，就是佈施、持戒、忍辱、禪定、精進、智慧；今天我們用更簡單的方法來講這六個法門。

什麼是佈施？就是圓滿的給予，給予別人圓滿的奉獻、給予世界圓滿的奉獻，何謂圓滿？佛講三輪體空，就是無施者、無受者、無佈施的東西，即當我們在給人東西不覺得在給，然後這其中沒有污染，這叫圓滿給予。

什麼是持戒？就是圓滿的紀律，身、口、意都合乎佛的紀律。

什麼是忍辱？就是圓滿的包容，佛教徒常說忍辱，忍！忍！忍是多可怕的，有次我在崇光百貨公司看到賣化粧品的小姐，她拿一張紙在上面寫一個字：忍！忍！忍……寫了很多在上面，不知道在忍什麼，這很痛苦，一直忍忍到最後爆發！所以忍辱更積極、更好的意義，就是要包容，如果有無限的包容，就會有無限的忍耐，就可以承受一切的委曲。

什麼是精進？就是圓滿的努力，努力實踐佛法。

什麼是禪定？就是圓滿的清淨，清淨到非常的圓滿，不但自己圓滿，連這個世界都得到圓滿。

什麼是智慧？就是圓滿的覺悟，沒有執著。了解了六波羅蜜，就了解菩薩修行最重要的六種方法。我們來讀一段大乘經裏的《六波羅蜜經》，這段話說：「一滴水投於大海，海水有盡、滴水無盡，何以故？衆生無盡故、菩薩願力亦無有盡。」說我們修行菩薩道雖渺少，但如把一滴水投到大海裏去，如果大海沒完全乾掉，則這滴水就永遠存在大海裏，永遠存在法界裏，如衆生沒全部得到解脫，那你的願力就永無窮盡，這多麼了不起！有一首流行歌是東方快車合唱團唱的「將我的靈魂接在你的線路上」，將我的靈魂接在菩薩的線路上，並非自己沒靈魂，而是由於我的線路不夠清晰，我的線路不夠廣大，因爲菩薩的是大耳朵，我的是小耳朵，把我的靈魂接在菩薩的大耳朵上，可收到更廣大的法界的消息，所以人跟菩薩事實上是可以連結的，所以佛講的菩薩乘，佛講了很多菩薩如觀音菩薩、文殊菩薩、地藏王菩薩……如各位做過梁皇寶懺就可知這裏有無數無量的菩薩，這些菩薩有很多動聽、美麗的名字，有次讀到梁皇寶懺裏有「無量慧菩薩」、「無盡意菩薩」，感覺到這宇宙時空的無限、佛的慈悲與智慧像宇宙時空那樣無限，爲什麼佛要講菩薩的法門？因我們都是在爬樓梯的人，菩薩比較知道爬樓梯的辛苦，然後他也在樓梯上，他在第四階，我們在第一階祈求說：拜託拉我一把，他下來立刻就拉到你，和你是非常接近的、因緣是很深刻的，所以佛陀創造了一座偉大的花園，就是菩薩乘。

◎淨土的花園

第二個佛陀創造的偉大花園就是「淨土法門」，淨土法門內不只是西方淨土，也包括彌勒淨土、藥師淨土、妙香國的佛土，包括十方一切佛的國土。祖師曾講過一句話：「求道者如毛，悟道者如角。」現在學佛的人很多，就像牛身上的毛那樣多，但悟道人就如牛的角那樣少，幸虧有淨土宗，像我們這些如牛毛的人，還可有一個可靠的法修行。

在佛教的歷史上曾經出現過很多修行方法，但經幾千年來的考驗、淘汰、改變，歷史證明只有三個法門在這世上開花結果，就是禪宗、淨土宗、密宗；而禪宗與密宗是難行道，它很強調根器，一定要有很高的根器才能修行成就，在淨土宗裏我們可以體會佛最深刻的悲心，現在很多人都說要修淨土宗要修阿彌陀佛，不要修藥師佛、彌勒佛，因爲西方淨土較易去。其實，在佛的世界裏是沒分別的，在淨土經典裏說：「如你往生淨土於一食頃可飛至他方無量世界供養百千億諸佛。」不管你到那一淨土，只要吃頓飯那麼短的時間裏，就可以飛到十方、百千萬億佛土對其他淨土裏的佛供養和頂禮，故淨土是沒有分別的，不管你修行那一淨土都非常的好。

怎樣去往生淨土？往生淨土有四個條件：一是在《阿彌陀經》講的不可以少善根福德因緣得生彼國，然後又講要唸佛到一心不亂，要修廣大的善行才可往生彼國，這是比較難的說法。覺得難沒有關係，還有更簡單的，在《無量壽經》裏，法藏比丘的第十八願說：「設我得佛，十方衆生至心信樂，欲生我國，乃至十念若不生者，不取正覺，唯除五逆、毀謗正法。」你覺得很難，佛就教你簡單的，只要唸十念阿彌陀佛，至心信樂要投生他的國土，如果你不投生阿彌陀佛的國土，他就不取正覺。了不起！但是唯除五逆、毀謗正法，十念也是太麻煩，還有更簡單的嗎？

在《無量壽經》裏佛說：「諸有衆生聞其名號，信心歡喜，乃至一念，至心回向，願生彼國，即得往生、住不退轉，唯除五逆、毀謗正法。」何謂五逆十惡？就是殺佛、殺阿羅漢、殺父母、破合和僧。還有更簡單的，《觀無量壽經》佛說：「若有衆生作不善業，五逆十惡，具諸不善，如是愚人，以惡業故，應墮惡道，經歷多劫，受苦無窮。此愚人臨命終時，遇善知識種種安慰，爲說妙法，教令唸佛，彼人苦逼，不惶唸佛，善友告言汝若不能唸彼佛者，應稱歸命無量壽佛，如是至心，令聲不絕，俱足十唸，稱南無阿彌陀佛，稱佛名故，於念念中除八十億刼生死之罪，命終時得見金蓮花有如日輪，住於其前，如一念頃，即得往生極樂世界。」我頭一次讀這段經時感動得流淚，感受到佛的深刻無比的慈悲。我們看到淨土經典的推展，每次都覺很難，佛就給我們更容易的，這已經最容易了，沒有更容易的了。所以往生淨土其實並不難，一念至心信樂就可往生淨土，不管你犯過什麼罪，只要唸佛就可除去八十億刼生死重罪，一念頃就可往生極樂世界。

為何佛要講這麼多不同的往生條件？有幾個原因，第一是因為淨土裏有很多等級，九品蓮花化生，剛講不可以少善根福德因緣，唸佛一心不亂，修般舟三昧，然後又廣大善行，這就投生到一個可以立刻聽到佛說法的地方，最差的則是投生在淨土的邊地。第二是應機教化，對覺得淨土很容易的人，就對他說淨土不是都那麼容易的，要有很多條件，對覺得淨土很難的衆生，就告訴他說：「不用怕，你唸幾句我的佛號就好。」覺得容易的人，就要常常思考難的部分，覺得很難的，就要常常思考容易的部分。第三個原因就是佛的願力非常廣大，淨土經典不只阿彌陀佛的願力，也有世尊的願力，佛的願力雖廣大，但他擔心衆生完全的依賴，所以要告訴我們說：「你們也要立志向上，不能只靠叫我的名字，如在外沒錢，不能就叫父母寄來，自己也要賺呀！」就是我們也要立志向上，這裏很重要的就是十念阿彌陀佛或是一念阿彌陀佛或十念藥師佛都是很容易的，但有較難的就是「至心信樂」，用至誠的心來相信，並且願意去往生，這種願力在感情上願意，在願望上願意，毫無遺憾的願意，願到淨土去，常思考這四字：「至心信樂」，由於這會使我們覺得越來越趨向淨土。

我在年輕時，剛剛開始學佛時，並不是對淨土法門有特別的感受，因那時年少氣盛，覺得淨土法門是「三根普被」，我不是在三根裏，我是大根器，怎可修這三根普被的法門？但現在越來越趨向淨土，有一個重要原因就是因感受自己的渺小、有限，感覺在世界上有很多靠自己力量無法突破的困境，這時怎麼辦？佛既然這麼慈悲，祈求他幫我開展我的有限、免除我的渺小，提升我！我們的修行與佛的廣大比起來，實在不值一提，當我們讀了很多佛的經典，知道佛很多的教化，徹底的了解佛的慈悲與智慧時，就會感到自己多麼渺小！所以淨土宗與菩薩乘是佛講給我們聽的最美麗的兩朵花。

◎情在亦能醒者是菩薩

可是我們活在這世上，我們修佛法、要修菩薩乘、要往生淨土多複雜，可否用簡單的方法來保持覺性，來修行？可以的！有次我到香港演講，講完時沒想到在聽講者裏，有一個我很喜歡的作家傻大姐，她跑來找我，請我去喝茶，我就問她：「妳為何叫傻大姐？」她說：「因我自覺我有點傻氣，可是別人都沒有發現。」我說：「什麼是你的傻氣？」她說：「我的傻氣來自兩樣東西：一是我在台灣鄉下長大，一直保持鄉下人純樸的心，雖然在香港這個物化的社會裏，我還常常想起我是鄉下的孩子。二是我還常有少女時代的感情。」凡是自命傻的人都有大聰明，凡是自命聰明的人都有點傻，我還有位朋友叫趙二呆，我問他爲什麼叫趙二呆，他說：「世人皆聰明，爲何我不呆？」爲什麼不叫一呆而叫二呆，他說：「眞正自稱聰明的人，都是眞的呆子，所以我是二呆……。」菩薩行就是要保有一點傻氣、呆勁，大家都覺得不可爲，你偏偏要去做做看，大家都覺得奉獻給這世界是吃虧的，你偏偏要去做做看，大家都覺得無私是不可能達到的標準，你偏要去試試看，這有股傻氣、有點呆，這是修菩薩行很重要的東西。傻大姐送我一本書《情在不能醒》，有感情的時候人就不容易醒來，我說如果能達到一種境界就好了，就是「情在亦能醒」。人的感情在時，還可以覺悟，這是菩薩行，「情在不能醒是衆生，情在猶大醒，情在亦能醒的是菩薩。」衆生因多情而搖滾，因爲情在而不能醒；但菩薩是情在亦能醒，多情而不搖滾，這是時時刻刻保持覺悟的狀態不被動搖，這樣較易修行。

有一次菩提園轉一封信給我說：他天天哭，我說我很羡慕你，這世界像你這樣的人已快絕種了，哭是很好的。如果可以覺醒，哭、笑、生、死都是很好的。

世尊留下這些很好的花園，且是繁花盛開，每次都可看到不同的東西，因佛法是無限的，這使我們感動、欽佩、讚嘆、崇仰。

我有一簡單的修行方法告訴各位，就是每天至誠唸三歸依和歸依咒，常常唸歸依時會我想到法界是無限的，因歸依三寶願謙卑祈求、學習、仰仗，願至誠供養佛、法、僧，唸這些咒語時常常想起《金剛經》的「如來善護念諸菩薩，善咐囑諸菩薩。」世尊雖入滅，但他從沒離開我們，他常咐囑我們要努力精進、追求佛道、止息煩惱、得到解脫，常在日夜這樣吩咐我們；我也常常想到《心經》：「菩提薩埵，依般若波羅蜜多故，心無罣礙，無罣礙故，無有恐怖，遠離顛倒夢想，究竟涅槃。」使我們有勇氣依靠般若走過人生的困境。常常想佛的話、佛的慈悲，常想我們的師父，這時會讓我們生起崇仰的心、追求的心、效法的心，不但自己渴望走進佛陀花園種一朵花，也希望有一天開一個花園。淨土宗的印光大師曾說有人問他：「我們學佛的人，人生觀應如何？」他說：「學佛的人要格物、致知、修身、齊家、治國、平天下，一心唸佛往生極樂世界。」故學佛的人生觀是要從做一個圓滿的人做起，而後才去追求往生究竟的圓滿，否則極樂世界就變成虛幻、沒有地基的房子，我們希望將來都能在佛陀的花園裏去認識這些花，並且自己培養自己的花園。

（黃雪整理）

人間山水

最近這幾年，很多學佛的人人來找我問問題，他們都有一個共同的問題，有的是太太跟我講說，她先生自從學佛以後，全家都陷入一種痛苦的狀態，他先生只要一心唸佛就好，其它事情都不管；有的先生來跟我抱怨，說他太太從學佛以後全家都陷入了痛苦的狀態，甚至沒辦法跟她溝通，爲什麼？因爲太太認爲阿彌陀佛最大！其它事情都不要管了，煮菜也不煮了，掃地也不掃了，孩子也不教了，一切都交給阿彌陀佛，結果搞得一家子亂七八糟，因爲阿彌陀佛不會幫我們煮菜、掃地、作飯。這些問題我覺得是非常普遍的，所以今天要來談一個新的觀點，關於人間跟淨土，關於此岸跟彼岸。

曾經有很多的師父談過這樣的題目：就是怎麼樣來建設人間淨土，他們所談的人間較大，我要講的人間較小。我要談的人間不是整個世界，我要談的人間就是我們的生活，我們所可能遭遇到的困難，還有我們怎樣在自己的家庭、平常的日子裡面來觀照自我、改革自我，使我們在人間活得快樂，如何在人間裡面看到山水之美！

◎從淨土回到人間

第一個我們要談的問題是，怎麼樣從淨土回到人間。現在常常有人說修行只要一心唸阿彌陀佛就好了，其它人間的事不用去管。其實從前淨土宗的祖師、有成就的淨土宗大德，從來沒有一個說什麼事情都不要管，只要唸阿彌陀佛就好了，這些大德們、祖師們都曾經做過很多人間的事業，不只是一心要去淨土。當我們說要「一心」來唸佛，一般人說到一心的時候，往往誤解了一心的意思。例如，昨天我在台南文化中心演講，就碰到一群年輕人，大家一起吃飯的時候，一桌子人都是非常虔誠的佛教徒，吃到一半突然爭辯起來，爭辯一個關鍵性的問題，就是「淨土到底是不是實有的？」有一派說：「淨土絕對是實有的，佛絕對不會說妄語。」另外一派說：「從來沒有人看過淨土，我們怎麼能說是實有的呢？可不可以拿出一點點的證據或者是一個觀點。」因此，就在那裡爭論，爭論半天沒有辦法解決，就問我說：「林先生您看淨土是不是實有的？」我說：「我不知道，因爲我沒去過淨土，而且我確實也不知道淨土是不是實有，但是我寧可相信它是實有的，但我不執著它是實有的。」

這意思就是說對我來講，人間和淨土不是兩條路也不是兩個不同的地方。人間跟淨土是一條路，也可能是一個共同的地方。但是，這只是可能罷了！關於這樣問題的解決，我記得有個天柱崇慧禪師講得最好，有一天他的徒弟問說：「達摩未來此土以前，中土有沒有佛法？」禪師答說：「你管達摩幹什麼？你把自己管好就好啦。」這是一個多麼好的教化，我們管淨土是不是實有的幹什麼，要確定淨土是實有的才會有信心嗎？如果不是實有的你就對阿彌陀佛沒有信心嗎？可是到底什麼是實有的？我眼前這個杯子是實有的嗎？確實它是實有的，但是您對它有信心嗎？不一定有信心，它一下子就破了。淨土也是一樣，它是不是實有的，其實關係不太大。也就是說，淨土、人間、地獄這整個法界的形成可能是實有的，可能是空的，可能是一體的，可能是分開的，但是我們不需要管那麼多，管好我們自己的心，我們就已經很好啦！

結果吃完飯，爭論完了以後，我就去坐火車回台北。買火車票時，賣票的人跟我說：「票已經賣完了，但還有兩節車廂有位子。一節是第一車廂，另一節是第十車廂。」我說：「爲什麼只有這兩個車廂有位子？」他告訴我說：「這兩個車廂是抽煙區，要不要？」我說「好」。結果就買了第一車廂的票，當我跨進第一車廂的時候，非常的吃驚，因爲已經坐了幾十個人在裡面，每個人都叼了一根煙，整個車廂好像著了火一樣，每個人都在抽煙，非常的沈默，沒有一個人講話。我看到每個人都愁眉苦臉，因爲要把煙噴到別人的鼻子裡，然後別人要把煙噴到你的鼻子裡。當時我站在車廂門口根本沒有跨進去，感覺那裡就好像是地獄。你可以想想看，五十個人同時在一個小的空間裡面抽煙，每個人都愁眉苦臉的！然後我就退出，沒有進去坐，站在走道上吹風。

吹風的時候我就想：「我寧可在一個乾淨的地方站著，也不願意在一個汚濁的地方有座位。」也就說當我們要選擇修行或者選擇人間的道路，要有這樣的體驗——我寧可選擇一個清明的道路，因爲我對這個清明的道路有信心。也不願意選擇在一個愚痴的狀況，跟別人在一起汚穢一氣。雖然是同樣的人間，很多人寧可選擇地獄，也有很多人選擇淨土，我們當然也可以選擇淨土，不去選擇地獄。

什麼是淨土，這也是一個很有意思的問題，有一天有個朋友問我說：「您可不可以講一下童年對你來講印象最深刻最美的畫面？」然後，他接下來說：「不可以思考就直接講出來。」我不假思索的說：「大概是油菜花開花的時候！」因爲小時候我們家後面有塊油菜花田，大概有兩甲地，非常大。油菜花開花的時候，那個油菜花長得很高，那些花都是金黃色的，兩甲地都開滿了油菜花，比小孩子還高，我們每天都在那裡面跑，我覺得那個畫面是非常美的，我常常在非常安靜或者很混亂的時候，想起油菜花的樣子，這使我得到很大的安慰。他問我說：「爲什麼你覺得這個畫面是最美的？」我回答說：「小時候我在油菜花田跑的時候，就想，傳說中的西方極樂世界也不過這樣子吧！因爲它是非常美，幾乎是美到極致。」

◎不否定人間的道路

所以當我們講淨土的時候，事實上難以思考淨土的狀況。現在很多人在告訴我們淨土——黃金鋪地，七寶樓台，蓮花大如車輪，天雨曼陀羅花——但是從來沒有一個人去過淨土，因此這種描述都是有距離的，不可能眞實的描繪到淨土，所以如果我們要體驗淨土，應該從我們所生活的地方來體驗。我覺得中國佛教之所以動人偉大是因爲在中國佛教裡面，像禪宗、華嚴宗、天台宗、唯識宗裡對於六道輪迴都不強調，採取非常清明的態度，這個態度就是不肯定亦不否定！當然對淨土的態度也是一樣。爲什麼？因爲中國的佛法是大乘的佛法，認爲要落實到人間，佛法才有基礎，即使是最強調往生淨土的淨土宗，也不否定人間的道路。

淨土不捨人間，可以由幾個觀點看，第一，我們讀到《阿彌陀經》裡面講說要唸佛唸到一心不亂，才可以往生淨土。「一心不亂」不是死後才有，現在一心不亂才有機會去淨土，所以現在是不可否定的。第二，《阿彌陀經》裡面講到說：「不可以少善根福德因緣而得生彼國。」善根福德因緣是現在就要開始來建立的。因此，現在就變得非常重要，曾經有一個修行淨土宗的人去問師父說：「師父我非常忙，我雖然修淨土修了幾十年，但我怕不能去往生，因爲我怕我死的時候沒有人給我助唸。」師父就問說：「爲什麼？」他說：「因爲我太太是天主教徒，我兒子是基督徒，他們絕對不會給我助唸的！那該怎麼辦？」師父回答說：「你不要等到死時候才給人助唸，從今天開始，你自己給你自己助唸呀！」這個助唸，就是從今天開始培養我們的善根福德因緣，培養我們的一心不亂，那麼我們何必擔心死的問題呢!?

從這裡，我們可以看到，人間道路的完成，就是出世間道路的完成，世俗眞理的圓滿就是第一義諦的圓滿。如果現實成就，理想就得到成就，這就是「眞俗不二」的道理，是大乘佛法很重要的一個觀點。

我剛剛要上樓來的時候，看到樓下有在賣「六祖慧能傳」錄影帶，也有元曉大師、空海大師的錄影帶，這些錄影帶我在看的時候都非常非常感動！爲什麼感動？就是因爲，他們都不只是一心一意在唸阿彌陀佛，他們都做了很多很多的事情，都是眞實在人間裡面實踐。以六祖慧能來講，他曾說過：「佛法在世間，不離世間覺；離世覓菩提，猶如求兎角」。你如果要追求菩提啊！請不要離開世間，離開世間去追求菩提，就像要找一隻長角的兎子一樣，是絕對不可能的。

他又說「直心就是淨土」，所以說淨土就是直心。淨土宗的祖師善導大師說：「只有安心的人，才可以往生淨土。」六祖還說過一句話說：「若悟無生頓法，見西方只在剎那。」六祖的一生都非常的平凡，沒有神話。砍柴、舂米、聽經、說法，也就是說非常人間的。

另外一個是空海大師，空海大師是日本密教的祖師，他是個非常偉大的修行者，在唐朝的時候，他跟很多學僧一起從日本坐船到中國來求法，船開到一半的時候突然遇到暴風，所有的學僧都躲到船艙底下，拿著木魚：阿彌陀佛！阿彌陀佛！……只有空海站在船艙上面，站在船頭，兩手伸向天空。他說：「不要制止風，願將此身化爲風；不要制止雨，願將此身化爲雨。」當他講完時，風雨便停了，船就開到了中國。看到這裡眞是動人！如果我們跟風雨合爲一體就不怕風雨，由於我們沒有辦法跟風雨合爲一體，才會感覺風雨如此狂暴。在空海大師的一生裡，他不斷的幫助窮人，跟他們說法，他說：「我修法是爲了解救衆生。」他還有兩句非常有名的偈：「離開此世就沒有彼世，逃避今生就沒有來生。」這實在講的很好，看的時候雞皮疙瘩都站了起來，身毛皆豎！多麼偉大啊！我們應該要有這樣的志願、這樣的雄心才行。

◎經典，不只在書架上

還有一位是元曉大師，他最感動我的一句話，是他說：「盡一切的努力都不能阻止一朵花的凋謝。」所以他不強調神通，他說人要認識無常，無常的認識才是最重要的。因爲你把這世界上所有有神通的人集合起來，讓他們用神通力來阻止一朵花的凋謝，沒有一個人做得到，所有的人集合起來也做不到。唉啊！多麼可怕啊！所以無常的認識是最眞實的，比神通還重要。元曉大師在他的生活裡面，有一段他破戒了，他跟一位公主談戀愛，這個不知道是不是拍戲的人加進去的，不過錄影帶裡有這麼一段，跟公主談戀愛，後來生了一個小孩，當他要離開公主的時候，兩個人站在橋上，公主就問他說：「你跟我在一起會不會後悔？」元曉大師說：「不會，就好像多讀了一本經一樣。」哇！這也是非常的令人震撼，有一次我在一個大學裡面演講，講到這一段，有位大學生就對我說：「那我們要回去多讀幾本經。」我說：「不行！不行！這是大師級的人物才可以這樣。」

經典，並不存在於書架上，如果我們在生活中沒有眞實的體驗，那麼經典是經典，你是你；如果有眞實的體驗，即使只有很簡單的經典，我們也可以見到事物的實相。所以，我們中國人講一句話說：「家家有本難唸的經。」自己家裡那本經，如果讀得好，就可以知道佛經的道理。

元曉大師裡還有一段也是很感人的，因爲跟他在一起的，有一個也是很偉大的修行者，叫大安禪師。元曉大師跟大安禪師都是記載在中國高僧傳裡的人物，所以他們雖是韓國的修行人，但他們在唐朝就很有名了，他們的著作都傳到中國來。這個大安禪師養了很多小狗，有一天他出門的時候，吩咐元曉大師幫他看小狗，結果有一隻小狗因爲飢餓死掉了，元曉大師就摘了一片樹葉把牠蓋著，然後坐下來打開《阿彌陀經》，開始唸來超度這隻狗，一直唸、一直唸，唸到一半，大安禪師回來了，說：「你在幹什麼？」他說：「因爲這隻狗死了，我給它唸《阿彌陀經》來超度。」大安禪師說：「對這樣一隻小狗，你唸這麼深的經，它怎麼聽得懂呢？」然後把他的經放在旁邊，倒一杯牛奶放在狗的旁邊說：「哎啊！你這一輩子沒有好好的喝過牛奶，希望下輩子你可以喝牛奶喝個飽。」元曉大師在那時得到一個非常眞實的開悟。看到這個也令我們毛骨悚然，也就是指示我們要回到人間，回到此世來。

元曉大師傳的最後，是他的兒子長大了，到寺院來看他，告訴他說：「爸爸！我有事情要跟你談。」元曉大師拿個掃把出來說：「你先把庭院的樹葉掃乾淨了，我再跟你談。」結果他兒子就很用心地在那裡掃，掃乾淨了。元曉大師走出來，兒子說：「爸爸！我已經掃乾淨了。」然後元曉大師抓起一把掃在一起的樹葉，丟在地上，說：「對乾淨的庭院來講，樹葉隨時都可能落下來。」哇！這也是很好的教化。在我們人間的生活裡面，不可能要求有一個絕對乾淨的淨土。因爲樹葉隨時都可能落下來，所以要不斷掃庭院，不斷的使我們的心走向淨土之路。這是元曉大師傳裡幾段極感人的故事，都是非常人間的。

我們看到這幾個大師都是非常人間的，這使我們確定人間的修行是非常重要的，也可以使我們了解到：「淨土是一種無私的修行，而不是一種自私的要求。」很多人都因為學淨土學到後來變得自私：「我要快去阿彌陀佛那邊，他會請我吃麵。」你有沒有想到要怎樣來奉獻給這個世界？你要去淨土幹什麼？淨土裡每一位菩薩都是無私的，如果我們只是因為自私而要去淨土，那麼就違背了淨土的教化。

◎淨土不是一種相

淨土也不是一種「相」，當我們想到淨土的時候，總把它想成一個固定的樣子。

關於「相」的問題，我記得有一個很好的教化。有一次，一個西方記者去訪問達賴喇嘛，問說：「傳說你是觀世音菩薩的化身，對這件事你的看法怎樣？」達賴喇嘛就說：「當我們談到觀世音菩薩的轉世和化身的時候，我們就會想起觀世音菩薩的樣子，而認為觀世音菩薩是一種相，是一個特別的樣子。但是觀世音菩薩不是一種相，觀世音菩薩是一種悲心，凡是有悲心的人都是觀世音菩薩的轉世跟化身。」哇！講得多麼好，所以當我們在講觀世音菩薩，事實是在講一種悲心；當我們在講文殊師利菩薩，事實上是在講一種智慧；當我們在講普賢菩薩，事實上是在講一種實踐；當我們在講地藏王菩薩，是在講一種願望，而不是在講一個菩薩的樣子。

在這個世界，每一個國家的菩薩都長成不同的樣子，泰國的菩薩很瘦，日本的菩薩下巴很尖，中國的菩薩很胖，每一個菩薩都不一樣，如果你把菩薩當成一種樣子，那就違背了菩薩的教化。所以佛在《金剛經裡》說：「若以色見我，以音聲求我，是人行邪道，不能見如來。」所以我覺得《金剛經》是佛法的瀉藥，如果你形式主義的佛法吃得太飽，那麼就回去讀《金剛經》，把太飽的地方瀉掉。如果你塡了太多「相」在裡面，那就把這些相瀉掉。因爲《金剛經》最眞實的地方，就是要破除我們對相的執著。

也就是說，一個學佛的人應該從我們站的地方做起。我每天早上起床，還沒作早課以前，我都先打開收音機聽新聞，然後再刷牙洗臉。有一天我突然聽到收音機在報一則新聞，說「伊拉克佔領了科威特，只花了十七個小時。」當時我刷牙刷到一半就停住了，當伊拉克佔領科威特的這十七個小時，我在幹什麼！哎啊！很慚愧，有八個小時我在睡覺，然後一個小時用來吃飯，幾個小時跟太太爭辯，還有幾個小時陪孩子放風箏，哎啊！這樣一個國家就已經滅亡了，多可怕啊！立刻就很眞實的體會到「國土危脆，人生無常。」然後，那一天我把筆記本打開的時候，我寫的第一句話是：「雖然這個世界這麼混亂，我們每天還是要好好的刷牙洗臉。」刷牙洗臉很重要，因爲只有這個是我們可以控制的，伊拉克跟科威特都離我們太遙遠，是我們無法控制的，淨土也是一樣，這麼遙遠，每天我們都要唸「阿彌陀佛」，這沒有錯，我們還是要刷牙洗臉。要從最眞實的、最簡單的事情做起，也就是從脚跟做起。

◎淨土是內在的革新

怎麼樣從脚跟做起，也就是從內在的革新做起，事實上淨土就是一種內在的革新。就好像元曉大師講的，對於庭院的清除，把我們內在的庭院清掃乾淨。當我們的內在庭院掃不乾淨的時候，我們對於外在的觀點往往都是不乾淨的、不清淨的。

常常有朋友跑來找我聊天，一開始聊天的時候情況都不錯，大家都會談自己的事，談到後來，沒有話題了，又捨不得走，這時候就開始批評別人，就談到說那一個人怎麼樣、那一個師父怎麼樣，然後談談談，談到後來都是批評人的話。我就想，以後一定要減少這樣的談論，因爲當我們看到別人有不乾淨的地方的時候，就表示我們的心還不乾淨，如果我們的心夠乾淨，我們就不會看到別人不乾淨的地方。

也就是說這個世界本來如是如是，可是因爲觀點的不同而產生完全不同的看法。我在家裡種了兩盆木瓜樹，吃完木瓜以後，我就把木瓜子分成兩半，一半埋在這邊，一半埋在那邊。結果兩盆木瓜樹一開始都長出十幾棵木瓜，我們都很高興，然後越長越少，越長越少，一個月以後只剩下四棵，過了一個禮拜又死掉一棵，又過了一個禮拜又死掉一棵，眼看都快沒有了，但剩下最後一棵的時候，卻沒有再死。我的小孩就跟我說：「這個大木瓜好壞，它爲了吸收養份，就把別的小木瓜的養份全部都搶走了，它們都全部死掉了。」我說：「不是這樣子，應該是說這些小木瓜都知道這個盆子很小，如果我們要讓一棵木瓜長大、結子、傳宗接代，那麼一定要犧牲自我，我們死了，好讓那個長得最好的長大、結子，這樣的話我們才可能長出木瓜。」這是兩個完全不同的觀點，一個是從我的觀點來看，另外一個是從無我的觀點來看木瓜，可是木瓜還是木瓜。

這個世界也是一樣，這個世界還是這個世界，我們可以用完全不同的觀點來看這個世界，也就是說這個世界並沒有好壞，我們要時常保持好的觀點，這好的觀點就是淨土的觀點，不是地獄的觀點，地獄的觀點就是壞的觀點。

在佛教裡，我們遭遇困難的時候，常常說是「業障現前」，但是，有另一種說法是「境界現前」，為什麼？因為境界就是業障。如果我們碰到業障的時候，能有一個好的觀點來看業障，而超越它，那麼業障就變成境界了，如果我們碰到業障的時候跟著沈淪下去，那麼它就是業障。所以，這兩個其實是一樣的東西，可是為什麼會有不同的層次產生？是因為有一個完全不同的觀點。

台灣話對於勞碌、生活不順利的人，有一句話說：「這個人很業命」。很多業的命，但是我們說一個人很有錢，我們說：「這個人是好業人」。因此業的本身沒有好壞，如果可以超越業就是好的，如果不能超越，錢也是壞的，一切好的事情都變成壞的。佛經裡面講說黃金很好，但是如果把金沙抹到眼睛裡面，沒有一個人吃得消。黃金很好，如果把黃金綁在鳥的翅膀上，沒有一隻鳥吃得消。意思就是說：「好的東西也不應該阻礙我們的觀照，也不應該阻礙我們的自由，如果阻礙我們的觀照，阻礙我們的自由，那麼一切好的東西都變成壞的。」所以從好的觀點來看人間，人間就是淨土，從壞的觀點來看人間，人間就是穢土。從最壞最惡劣的觀點來看人間，人間就是地獄。學佛的人就是要隨時保持一個新的、好的觀點，看到任何事情，都從好的觀點來看，這個時候，不管事情有沒有得到改變，但至少我們的心已得到改變。這就是要從淨土回到人間。

◎從雲彩回到山水

第二個，我們要從雲彩回到山水。也就是說，佛法應該落實於我們所生活的土地上。當然，我們談佛經的時候，對於無量虛空都會有很大的嚮往，但是虛空是遙不可及的。一打開佛經，佛在講經以前就會大地震動、天雨曼陀羅花、天上飄著音樂，很多天人菩薩跑來供養。哎啊！這麼好的境界，怎麼都沒有碰過，所以我讀到這個的時候，都會感覺到後面講覺悟、智慧、慈悲的部分比較眞實、可以體驗。佛經裡雖然講到很多我們沒有辦法體驗的事情，譬如說，講到釋迦牟尼佛的誕生，說佛的媽媽摩耶夫人在花園散步，突然要生他，就靠在樹幹上，結果佛從她腋下生出來。我就會想：「怎麼有人會從腋下生出來，你信不信？我不信！」一些學佛的朋友就說我不該連佛經都不信，我說不是我不信佛經，我覺得這不是佛眞實的意思，這一定是後來的弟子，覺得佛這麼偉大，怎麼可以從媽媽的子宮生出來，當然該從腋下生出來。如果佛從腋下生出來，那麼摩耶夫人就是一個怪胎了，人怎麼可能從腋下生下來？就好像耶穌的媽媽，我也相信她不是處女懷孕，那也是後代的人覺得耶穌這麼崇高，不應該是有爸爸的。有爸爸就會減低他的崇高嗎？我想不會。同樣的，如果佛從他媽媽的子宮裡生出來，會減少他的偉大嗎？也不會，因爲他最主要的教化並不在這裡。如果我們從踏實的眼光來看經典或者看佛法，我們就不會變成每天都在虛空中想像，充滿了幻想。

也就是說，佛經裡講的智慧跟慈悲，都不是憑空而來的，而是從實踐來的，就是一步一步走出來的。所以佛的修行才叫佛道，什麼是道？就是「一步一步的走在路上」，這一步一步就是實踐的過程。

◎保持身口意的主體性

怎樣在人間實踐佛法呢？第一個最主要的就是要保持身口意的主體性。身就是行爲，口就是語言，意就是意念。就是要保持行爲、語言、意念都由我來主宰，由我來控制，而不是失去控制的。這個主體性就是要時時地來檢驗我是不是身、口、意的主人，還是被身口意當做奴隸。當我們被欲望所主宰、轉動的時候，就是自己變成奴隸了，而身口意是我們的主人。當我們生氣氣到了毒打自己的小孩的時候，就是被身口意做主宰，而不是自己做主宰。自己做身口意的主宰，這在實踐上是非常重要的一點。

怎麼樣做自己的主宰？佛用四個最簡單的方法，第一個是「觀身不淨」，第二個是「觀受是苦」，第三個是「觀心無常」，第四個是「觀法無我」。常常保持觀照，就可做我們身口意的主宰。也就是在意識波動的狀況下，跟意識保持一個距離。我們也有貪、也有欲念、也有迷失的時候，但是永遠保持一個觀照的態度來看待它，這樣我們就可以做自己的主宰。

今年暑假，七月的時候，我回到鄉下。我有一個哥哥的小孩，小學五年級了，有一天跑來跟我說：「阿叔！明天我們來焢蕃薯，好不好？」我說：「到那裡焢蕃薯？」他說：「到阿公的蕃薯田焢蕃薯。」我說：「好啊！」結果我們就一起去焢蕃薯。焢蕃薯我想很多人都有經驗，就是把蕃薯挖起來以後，在田邊找土塊，然後做一個窰，把窰用柴火燒紅，燒紅了以後把火熄掉，把蕃薯丟到窰裡面，然後拿根棒子把這些土塊打碎埋住蕃薯，這叫做焢蕃薯。當我們把土塊打碎的時候，我問說：「要怎麼知道蕃薯熟了沒有？」他說很簡單，他就指揮我去拔一根草來，我拔來了，他就說這太乾了，去拔一根濕的來，我又跑去採一根濕的來。他把這個草插進窰裡面，他說：「我們可以去玩了，玩到這根草乾了，那蕃薯就熟了。」

我們就去溪邊游泳，游了一下，他跑過去看，然後就跑回來對我說：「阿叔！蕃薯熟了。」我們一起去挖出來，結果眞的是熟得恰好，而且沒有爛掉。他說：「如果埋太久就會爛掉，如果草沒有乾就不熟，只要整根草都乾了，這蕃薯就熟了。」哇！這多麼好啊！從窖上的一根草就可以檢驗蕃薯熟了沒有。我們也是一樣，生活在人間就好像蕃薯窖裡的蕃薯一樣，每天都被悶住，很多煩惱焚燒著我們。要怎樣來檢驗我們心智的成長呢？就是要隨時在蕃薯窖上插一根草，常常回來看看乾了沒有，乾了蕃薯就熟了，要常常把這種心靈的檢驗插在實際的生活上，就是日常生活的每一個意念、每一個行爲、每一個語言，要常常來檢驗它，想一想這樣做是不是合乎佛法、想一想這樣做有沒有增加我的智慧？還是跟以前一樣愚笨，要常常用這種方法來檢驗。眞的是這樣，一切的表象都可以用來檢驗我們的內心世界，只要我們有觀照的心。

◎眼淚原來是鹹的

有一天我的小孩不做功課，我把他揍了一頓，打完了就罰他去跪冰箱，我們家罰跪都跪在冰箱前面，他就跪在那裡哭，哭了半天突然跑來找我，臉上還掛著眼淚，跟我說：「爸爸！你知不知道眼淚是鹹的呢？」我嚇了一跳，因爲我們從來不把眼淚當做重要的事，我看他是覺得很重要，要不然不會一邊哭一邊講。然後他沾一點淚水要我嘗嘗，我嘗了嘗說：「是鹹的。」然後他又沾了一點給媽媽嘗，我太太嘗了說：「眞的！是鹹的呢！」那時候全家人都忘了其他事情，只想著眼淚是鹹的。我的小孩子突然講了一句話，他說：「因爲心裡很鹹的時候，就會製造眼淚這麼鹹的東西。」哇！那時候我得到一個很好的悟。因爲心裡很鹹就流出眼淚這麼鹹的東西，如果心裡很甜，流出的眼淚一定很甜。

眼淚是鹹的，這沒什麼奇怪，這是一種對眞實事物的檢驗跟認識。我記得以前有一個禪師，他的開悟是因爲一句話，這句話是：「原來師姑是女人。」原來尼姑是女人，以前都不知道，突然知道了，他就開悟了。日本有一個叫道元的禪師，他是日本禪宗的祖師，他到中國來求法，回到日本，他的很多徒弟到岸邊來迎接他，然後就問他到中國悟到了什麼，他說：「原來眼睛是橫的，鼻子是直的。」大家聽了都感到奇怪，怎麼悟到這麼簡單的道理？其實這個不簡單啊！怎麼每一個人的眼睛都是橫的、鼻子都是直的，沒有一個例外？這是實相的一部份，這是非常眞實的體驗，只看我們有沒有辦法進入這樣的體驗。

我們常常會迷失自己的觀點，不知道體驗，而失去觀察。有一天，我在台北松山路一條巷子裡散步，我每天都會出去散步，每次都走新的路，這樣就會碰到些新的事情，這有助於心靈的革新。

這一天我在一條巷子散步，遠遠地看到一個人家門口擺了十幾缸的荷花，我就非常感動，這個人一定是非常高雅、有智慧的人，才會種這麼漂亮的荷葉。我就加緊脚步走過去，走近一看，原來是芋頭。我吃了一驚，非常失望，怎麼是芋頭而不是荷葉呢！這個時候，一個女人提著水桶出來澆花，我一看這女人長得又胖又醜，哎喲！是她種的。我本來想的是一個美女，像扮古裝的，才會種很多荷葉在這裡。我心裡很失望，就趕快走過那裡。可是當我開始往前走的時候，我就保持一個觀照的態度：「爲什麼我會失望、難過，是因爲發現它是芋頭而不是荷花。爲什麼芋頭跟荷花之間會有這麼大的差距，其實荷葉跟芋頭的葉子幾乎一模一樣，從美感的觀點來看，幾乎沒有差別；從實用的觀點來看也沒有差別啊！芋頭可以長出好吃的芋頭，荷葉可以長出好吃的蓮藕。」那爲什麼我以爲是荷葉就歡喜，以爲是芋頭就失望呢？是因爲我在很遠的地方就已經有了分別心，由於這種分別心而對事物抱著很大的期望，等走近一看，才會突然受到打擊。其實芋頭也是很美的。

爲什麼我看到這個女人會非常失望呢？女人長這麼醜，好像她應該種芋頭，而不該種荷葉。可能她是位很好的人，由於我從她的外表來看，我就對她產生了失望之情，甚至討厭看到她，爲什麼會這樣？說不定她是位很好的母親，說不定她是位很好的太太，說不定她是位非常無私的人，說不定她是菩薩。唉！等一下一定要走同一條路回來看看。等我回來看的時候，就有了全然不同的觀點：「原來芋頭也是很美的，跟荷葉同樣的美。」當我回來的時候，這個女人正坐在一個矮欖子上，餵她的小孩子吃飯，那個動作非常溫柔、非常美，我的推想沒有錯，她眞是個很好的母親。這個時候的畫面就變得非常美，比荷花還美。

◎用一種細密的心來學習

當我們對這個世界起分別的心時候，我們自己被轉動了而不知道，如果保持一個觀照的距離，我們就可以做身口意的主人，這樣一轉，我們就可以得到新的體驗、新的革新，當這種革新升起的時候，就是我們往淨土踏近一步的時候，就是改革了我們的分別心、促進了我們的平等心，平等心是學習佛道的一個非常重要的東西。如果一個人不能做自己身口意的主人，整天的唸佛、拜佛、唸經、拜懺，就會變成形式主義的佛法，因爲佛最重要的教化，就是要做身口意的主人。怎麼樣做身口意的主人呢？就是從站的地方開始學習，不斷地用一種細密的心來學習，這在佛法裡叫做「細行」，很細的行爲，很細的語言，很細的意念。

今年的夏天，我在家裡，晚上寫稿的時候，覺得天氣熱，就想去開冷氣機。當我走到冷氣機旁，聽到一種奇怪的聲音：「咕嚕、咕嚕……。」好像是鴿子的叫聲，這裡怎麼會有鴿子？想不通，就把窗子打開，爬出去看，發現有兩隻鴿子在冷氣機上走來走去，一看到我就很驚慌地飛走了，飛走了以後，我才看到冷氣機上面有一個鴿巢，是用乾的樹枝和葉子編成的，裡面有兩個蛋。哎啊！當時我嚇一跳，我就不敢開冷氣了！開冷氣一定會震到蛋，可能會把它震破，這有違慈悲的原則。於是就不吹冷氣，改吹電扇。結果，我每天都去看那兩個鴿蛋，等到它慢慢孵化，有一天這兩隻鴿子長成小鴿子飛走了。這個時候我才鬆了一口氣，想到終於可以開冷氣了，但是已經不需要開冷氣了，因爲夏天已經過去，已經到了秋天。那時候我產生一種非常大的歡喜，這種歡喜是檢驗到自己的慈悲心，爲了怕震壞鴿子蛋，竟然忍住不開冷氣，這大概有兩個月的時間，每天忍受熱的煎熬，但並不感覺到熱，爲什麼？因爲對生命有一種新的期待，因爲對生命有悲憫的態度，所以就得到了清涼。

其實像這樣的事情，佛經上也有很多。像天帝釋提桓因有一次跟阿修羅王作戰，雙方派了很多軍馬打得不可開交，由於兩邊的兵馬相當，所以打了很久還不分勝負，但都打得兵疲馬困了。於是就相約撤退，以後再來打。釋提桓因帶著兵馬往天邊撤退，半途看到一棵大樹橫在路中間，當他的戰軍通過時，他看到樹的中間有一個鳥巢，巢裡有蛋，他就立刻下令：「不要前進了。」因為大軍經過一定會震動土地，這樣鳥蛋就會掉下來。他就下令繞路走。而另一邊的阿修羅王也是帶著兵馬撤退，因為阿修羅是疑心跟瞋恨非常重的，在撤退的過程，他一直擔心天帝會不會不守信用，又回過頭來攻打，所以每走一段路就在馬上回頭看。結果，走了很遠，當他站在馬上的時候，看到天帝的兵馬突然掉轉頭來。這阿修羅王就嚇了一大跳，以為天帝又回頭來攻打他們，阿修羅王的心防就崩潰了。結果，佛經裡面講說：阿修羅王帶著兵馬潰散而逃。其實這一仗並沒有打，釋迦牟尼佛說：「天帝以慈力勝。」慈悲是種很偉大的力量，當時讀佛經的時候很感動，但體驗並不眞實，因為想不出天帝跟阿修羅到底怎麼作戰，並且很難想像率著兵馬通過鳥蛋還要繞路，我就有很多疑惑，感到慈悲並沒有落實。這次因為有兩個鳥蛋在我的冷氣機上，而讓我不敢開冷氣，就感到慈悲非常的落實。也就是說從站立的地方來體驗我們遭遇到的東西，來建立我們的細行就會深刻得多。

在我家附近一百公尺的地方，開了一家釣蝦場，每一個釣蝦人的旁邊都有一個火爐，爐上有一個鐵板。客人釣到蝦，就當場在火爐上烤著吃。有一天我經過釣蝦場，我的小孩好奇地要我帶他進去看看，一進去看，剛好看到一個人正把蝦放在鐵板上烤，烤的時候看到這個蝦有很多變化，這蝦剛被放在鐵板時，牠努力的跳躍、掙扎，牠的脚努力的划動，然後逐漸靜止了下來，顏色也從綠色變成粉紅、變成紅。最可怕的過程是，在烤的時候，這個蝦會叫，劈哩啪啦、咕嚕呱啦叫。奇怪！怎麼會叫出這種聲音，以前都沒聽過，原來蝦是會叫的。蝦在那裡哭嚎、求救，但是沒有人聽得到，烤蝦的人也聽不到。我就覺得很可憐，那些釣蝦的人被無知所障蔽，不知道這是壞事，當然他就沒辦法聽到蝦子的哭嚎、求救。但是我們沒有辦法救這些蝦，因爲如果我進去勸人家不要烤蝦，一定會被趕出來。我們應該救這些進去釣蝦的人，讓他們產生新的覺悟。

◎覺悟，學習看見我的心

細行也是這樣子，微細到能夠聽到蝦子求救的聲音，因爲這種微細，我們才有可能看到我們的心。我們佛教徒常常講覺悟。覺悟拆開來講，覺悟的「覺」的上半部是學習的學的上半部，下面是一個「見」，看見的見，悟，左邊是「心」，右邊是「吾」，就是我的心。所謂覺悟，就是「學習來看見我的心。」如果沒有人間的事物，我們很難學習來看見我們的心，如果有一些事物來觀照，在人間裡面踏實地來生活，我們才可以眞實的看見我的心，這個就是覺悟，要隨時保持這樣的態度，來看見自己心的反映、波動、昇起的事物，這個就是細行。

在我住的對面不遠的地方，有一根電線桿，三個月前被一個人貼了一張標語，貼在很高的地方，這標語寫著四個字：「天國近了」。我每天走過去都唸一遍：「天國近了。」一個月前，又有另外一個人貼了一張新的標語，貼在「天國近了」的下面，是六個字的「南無阿彌陀佛」，兩個連起來就是「天國近了，南無阿彌陀佛。」唸起來覺得好順。特別是我到外面做事情，做了一天，走路回家的時候，唸這個電線桿的標語：「天國近了，南無阿彌陀佛」，那時候感覺自己的家就是天國。我想淨土也是這樣子，要常常保持這樣的態度：「天國近了，南無阿彌陀佛」。因爲這樣子「近」，所以就永遠沒有離開，永遠走向回家的路，家就是天國，淨土就是天國。

這都是非常有意思的觀察，對人間保持一種非常深刻的觀照態度，這種觀照使我們非常專一，使我們減少煩惱，使我們跟人間保持很好的距離。

我家裡養一隻兔子，是我兒子的寵物，他每天起床第一件事就是抱兔子，下午放學回來的第一件事也是抱兔子，很溫柔、纏綿地抱他的兔子，我每天看了都好感動，看他把整個臉埋在兔子身上，慢慢地摸它的毛，充滿著愛。我就想：「抱兔子眞有這麼好嗎？」因爲我從來沒抱過兔子。有一天我看到他抱的時候，我就跟他說：「來來！爸爸也抱抱。」他就把兔子抓給我。但是我們從來沒抱過兔子的人，不知道這兔子要怎麼抱，就好像從來沒抱過小孩的人不知道怎麼抱小孩一樣。我抱著牠，牠一直踹來踹去，快要逃走了，我就用力把它抓住，然後像我兒子一樣，把臉貼著兔子、摸著它的毛，結果它還是扭來扭去。我的小孩就在對面一直笑一直笑，我說：「你笑什麼？」他就跟我說：「爸爸！抱兔子要從心裡抱起才可以。」哇！當時我非常的震撼，小孩子抱兔子，是眞心地從心裡抱起，不是裝一個樣子。可是我們大人常會裝一個樣子，裝成很體貼的樣子，事實上並非如此。小孩子的體貼是眞實的體貼，爲什麼？這種體貼是無心的，是從心裡出來的一種無心的態度，所以兔子在他懷裡，就好像一塊布，扭來扭去、捏來捏去，這兔子都不會感到不自在。由於我們是勉強裝成要抱兔子的樣子，所以這兔子在懷裡就非常不安。這都是非常好的教化——「要從心裡抱起」。我們對這個世界也是一樣，當我們在講慈悲、講智慧、講感覺、講觀照的時候，都以爲這些都是無形的、不能體驗的，事實上不是這樣，這些東西都是非常深刻，可以觸摸，可以感受到的。

◎感覺，是有重量的

就像有一天我抱我的小孩子，因爲我的小孩子很胖，有四十公斤，他那一天跟我吵架，我抱他的時候，就覺得特別重，差不多有五十公斤重的樣子。爲什麼？因爲他不讓你抱的時候，他的體重就增加。這時候，我就會體驗到——感覺是有重量的，對一個小孩來講，「感覺」大概是十公斤，因爲他討厭讓你抱，所以體重就增加了十公斤，這十公斤變成我們的負擔。就好像我們談戀愛的時候，抱女朋友，體重五十公斤，抱起來也很輕；可是做工的時候，一包五十公斤的水泥抱起來卻很重。「感覺」是有重量的，女朋友和水泥同樣是五十公斤，理論上是一樣的重，但是抱起來就有差別，而且差別很大。

這時候我們得到很重要的體驗，就是「好的感覺、好的觀照、好的心情、好的態度可以減輕人間的負荷，使我們接近淨土；壞的感覺、壞的態度、壞的心情會增加我們人生的負荷。」所以，這不是虛妄、不可理解的，而是非常眞實的。要不然你可以回去做個實驗，先拿根棍子把你的小孩揍一頓，然後再抱他，你會發現他比平常重得多。

這就是從很細微的地方來觀察我們的色受想行識、我們的色聲香味觸法、我們的感覺，乃至於身口意，這些聽起來是無形的東西。觀照也就是這樣，就是要保持一個好的距離來看事物。

有一天，我們在家裡看電視，電視正在廣告速食麵，兩個胖子在那裏吃得稀哩呼嚕，我的小孩就問我：「爲什麼電視裡的速食麵都煮得比我們家裡的好吃？」我說：「因爲電視離你有一段距離。」當你把速食麵買回家，等煮好了，你可能期待像電視裡的一樣好吃，可是吃起來感覺就差多了。這就是觀照的關係，因爲有觀照，你可以使一個東西，由於距離而產生很好的態度跟美感或者革新，這個時候智慧就得到增長。譬如我們談佛經，談《阿彌陀經》講到西方極樂世界，談《藥師經》講到東方琉璃淨土，讀起來怎麼都這麼好，什麼時候才可以去。爲什麼會這麼好，因爲有一個觀照的距離，如果你眞的去了，住久也就平常了。在佛經裡面釋迦牟尼佛曾經指著大地說：「這裡就是我的淨土，只是你們沒有看見罷了。」這是一個很値得參的公案。我們知道，理論上一個人開始修行，不管修小乘、修大乘，大乘就是修菩薩行，一直修菩薩行，最後成佛。佛跟菩薩有個最大的不同，就是佛有一個佛國，因爲佛的願已經得到了實踐，所以佛的國土是報土、是實有的，可是菩薩沒有，我們不會說要往生觀世音菩薩的淨土，或者是地藏王菩薩的淨土。佛爲什麼說：「這裡就是淨土」，値得我們好好參啊！如果保持觀照的態度、智慧增長，這裡就是淨土。

◎從彼岸回到此岸

第三個，我們要從彼岸回到此岸。當我們說坐船到彼岸的時侯，常常是一種執著，這種執著是因爲我們站在河的這邊，所以看那邊是彼岸。但是站在河那邊的人，看我們這邊也是彼岸，其實都在同一條河的兩邊。這種彼岸跟此岸就是一種執著跟分別。這個世界本來是很好的，沒有什麼此岸和彼岸，如果我們看這個地方就是淨土，確實有深切的信心，那麼就可以在此岸看到彼岸。

日本天台宗的祖師最澄，他曾經講過一個偈，他說：「日照一隅，也是國寶。」這是個很好的偈，可以讓我們知道，我們生活的任何一個角落都是國寶，如果我們沒有看見，那是因為我們的心沒有太陽。當我們的太陽沒有照到那個角落的時候，我們就會失去心裡的溫暖。

有一天，我的岳母跑到國父紀念館運動，然後她坐公車回來，回來的時候她很生氣，她跟我說：「現在的年輕人越來越不像樣，看到老年人都不會讓座。」我就跟她講：「媽！不是她們不讓妳，因為妳看起來實在很年輕，像四、五十歲，誰會讓妳坐？」她一聽馬上就笑起來，說：「眞的嗎？」她那一天就這樣非常快樂。這只是一個觀點的問題，事實上不讓位是眞實的，而你也可能眞的很老，可是在你心裡有一個新的太陽產生，你那一天就會過得很快樂。智慧這兩個字很好，智，上面有個知識的知，下面有個日，像太陽一樣照耀的知識就是智。什麼叫做慧？慧的下面有個心，就是感受的能力。不失去像太陽那樣觀照以及感受的能力，就會增長我們的智慧。

其實這個世界，每一個人看到的都差不多，所經驗到的生活也差不多，每天都要刷牙、洗臉、洗澡、睡覺、吃飯、工作，從古代一直到現代，從出家人到在家人都是一樣，那爲什麼有的人的智慧可以不斷的增長？有兩個原因：保持太陽一樣的照耀、保持感受的能力。這兩者可以讓我們在人生裡面得到一個很好的平衡。像佛經講人生是苦的，有的人實在沒有辦法體驗到，因爲他沒有辦法保持一個觀照和感受的能力；如果有觀照有感受的人就可以知道人生確實是苦的，但是他不覺得苦。釋迦牟尼佛講過：「我不但要下地獄，而且要常住地獄，不但要常住地獄，而且要莊嚴地獄。」談到這些，身毛都站起來了，有夠讚！

有一天我在家裡煮苦瓜湯吃，煮到後來喝的時候苦得要命。這時候靈機一動，我想到以毒攻毒，就在苦瓜湯裡加了一點辣椒、加了一點胡椒、加了一點鎮江醋、加了香菜、加了一大堆東西，煮一煮、攪一攪吃，還滿好吃的，所以我就把這鍋湯取名做酸辣苦瓜湯。然後就叫我太太來吃吃看，她吃了也說不錯。爲什麼單獨吃一個苦瓜，我們會覺得很苦，而加了很多酸甜苦辣的東西之後，我們反而覺得不苦呢？這是因爲得到了一個平衡，因爲酸甜苦辣使我們跟苦瓜之間保持了一個很微妙的距離。這個酸辣苦瓜湯是不是眞的很好喝？不一定，最好喝的只是一部分，這部分叫做「創意」。對於人生有一個新的創意，那麼人生就是好吃的，人生就是値得品味的。

煮中國菜很有意思，中國菜裡有兩個字，一個是「煎」，一個是「熬」，我們常把它們合起來說，因爲人生實在太苦了，所以飽受「煎熬」；但是最好吃的菜是煎出來跟熬出來的，爲什麼？因爲煎了才會香，而熬久了味道才會出來。所以人生要常常接受煎熬，如果沒有煎熬，我們怎能夠體驗人生眞實的滋味呢！如果我們沒有辦法體驗人生的好，我們如何能夠體驗淨土、彼岸的好呢？

我們不僅對人生沒有品味，常常對人生更充滿了抱怨。有一天，一個朋友半夜跑來找我，找我的動機是爲了批評另一個朋友，講完了，他下一個結論：「林淸玄啊！這個人有這麼多缺點，你怎麼有辦法再跟他做朋友！」我當時很吃驚，因爲我並不覺得那位朋友有這麼多缺點。爲什麼他覺得有那麼多缺點呢！這個朋友是有缺點，可是並沒有那麼多，只要我們不在意這些缺點，缺點就好像路邊的石頭一樣，跟我們沒有什麼關係。我就跟他說：「每一個人都有缺點，只是有的被看見，有的沒被看見罷了。」就像我，我有很多缺點，只是沒有被看見罷了，但是只要我自己可以看見就好了。當天晚上，這個朋友談到很晚，離開以後，我才想到，朋友的「朋」是兩個月亮，我們不能因爲一個月亮的形狀而要求另一個人跟我長得一模一樣，我們只能要求說這兩個月亮的光芒能偶爾交織在一起就很好了。所以，朋友跟朋友，只要彼此能夠互相散放光芒，有一點缺點沒有什麼關係。朋友只要能啓發我們，有一點缺點沒有什麼關係。人生的一切缺點，都是由於我們內在的呈現，如果我們內在做到完美無缺，人生也就沒有缺點。所以我常延伸《藥師經》裡的一句話：「如果一個人做到非常完美，就能耳不聞惡事之名，何況親受？」例如我常教人不要打家裡的蟑螂。爲什麼？因爲家裡的蟑螂就是業的呈現，它是我們的業障的呈現，如果我們做到完全清淨，家裏就不會有蟑螂，但是有可能做到嗎？也不太可能。不太可能的時候，有一個好方法，就是換一個觀點。

◎一切都是心的呈現

有一天，一個西藏的仁波切到我家來，看到我家的蟑螂爬來爬去，有的吃蛋糕、有的吃瓜子，他看了非常吃驚，但是他很開心地笑起來跟我說：「哎啊！你眞是一個很有福報的人。」我問：「這怎麼說？」他說：「在我們西藏，還有印度、尼泊爾這些地方，家裡越多蟑螂，就表示這個人越有福報。如果這個人沒有福報，蟑螂都懶得去呢！」所以在印度、尼泊爾、西藏，他們是不打蟑螂的，他們把蟑螂看成是好的東西。這是一個新的觀點，也就是說萬一我們不能做到完全的完美，那麼換另一個觀點，可能就很好了，只要觀點一轉換，世界的美好就呈現了。

有一天，我跟一個建築師聊天。他跟我說：「台灣的佛教這麼興盛，但是事實上佛法是不興盛的。」我說：「怎麼會這樣，佛教興盛佛法應該也興盛啊！」他說：「你看台灣的廟，就知道台灣的佛法不興盛。爲什麼？因爲台灣的廟都很醜嘛！佛法如果很興盛，表示每個人心裡都會很有美感、很清淨、很有品味、很高級才對，怎麼會蓋出像違章建築的廟來呢！」哇！當時給我一個很大的震撼：這觀點多好，爲什麼我們會蓋出這麼醜的廟來？這些廟是哪裡來的，是從我們的心來的，因爲我們的心沒有創造力、沒有美感、沒有好的品質，所以我們就蓋出醜的廟來。從此我看到廟就很慚愧，表示我們的佛法還不夠興盛，還不夠美好。

昨天有幾個朋友陪我去台南的古廟參觀，台南有幾個歷史古廟，都有三百年了，像開元寺、法華寺。我去看的時候非常傷心，這些寺廟都是佔地非常廣大、非常有錢的寺廟，可是蓋得亂七八糟，大殿的旁邊都堆著雜物，看到這些廟，我們就感覺到，佛法並不興盛，佛法是在沒落。因爲「廟宇就是心的呈現，心就是廟宇的本質。」每一個人的心都是一個大雄寶殿，凡是呈現在這世界的任何事物，事實上都可以看出我們的心。每一個因緣、每一個遭遇、不小心踢到石頭，或者踩到香蕉皮，都是我們心的呈現。也可以說，從很微小的人間事物，是可以觀察到整個法界的。

上禮拜我到台中去，有個朋友送我一包茶葉，他說這包茶葉是在阿里山有雲霧的地方摘下來的，摘下後都沒有烘焙，放進塑膠袋，再放進冰箱裡急速冷凍，完全沒有一點雜質，這樣才能保持茶的原味。這麼好的茶，我都捨不得泡，我出門的時候，拿一葉含在嘴裡，含在嘴裡就可以感覺到它慢慢的張開，氣味慢慢地跑出來，非常地柔軟，並且非常芳香；感覺就好像從一片茶葉可以吃到阿里山上的雲霧，從這一片茶葉可以吃到今年的春天，是一個很好的春天。所以一片很小的茶葉，事實上不只是一片茶葉，而是有很大的背景在那裡。一人的意念，或者是每一個表現、每一個行為、每一個語言，都有一個很大的背景，所以不要輕忽我們的每一個行為、每一個語言。

如果我們可以這樣子，隨時注意當下，隨時隨地把握這個原則來做觀照和體驗，還有感受、觀察自己的心，依照佛經的說法，就可以得到一切如如的境界。「如如」有很多含意，第一個含意是「如果」，翻成白話，就是此時的生命就有無限的可能，所以頓悟才是可能的。「如如」的第二個意思是「如是」，翻成白話，就是世界本來就是這樣子，淨土也是本來就是這個樣子，只是我們看不見罷了。「如如」的第三個意思是「如法」，就是在現在的規矩裡面得到眞實的自由。「如如」的第四個意思是「如意」，就是每一個時刻都是最好的時刻。「如如」的最後一個意思，就是「如此而已」，就是修行是依實相一步一步走下去，如此而已。

所以，我們認識人間等於認識了淨土，我們回到人間等於回到了淨土，回到了心也等於回到淨土，爲什麼？因爲依照佛的說法，淨土是一個方便法門，像《法華經》裡就把淨土當作化城——教化的城或者幻化的城。所以淨土事實上也不是眞實的，只是一種方便的教化。如果我們執着於淨土，也就是一種法的執着，對於法、對於人生的執着都是違背實相的。

◎一切都不可執着

在《中阿含經》裡，有段經文：有一個佛弟子問佛說：「世尊！你講了那麼多的教法，可不可以用一句話來說呢？」佛就說：「一切不可執着，這就是我一切的教法。如果有一個人了解了這句話，他就等於了解了一切的佛法。如果有一個人實踐了這句話，就等於實踐了一切的佛法」。

今天下午有一個朋友跑來找我，他跟我說，他還沒學佛以前是非常快樂的，學佛以後反而不快樂，覺得痛苦不自在。我就說：「那你喝茶就好了，你學佛幹什麼？學佛如果覺得痛苦，那就不要學好了。」這不是說不要學佛，而是說不要執着於學佛。這個世界上通往實相的方法有很多，學佛只是方法之一。我們不能因爲學佛，就說只有學佛是通往實相的方法，別的方法都不是，因此就看不起不學佛的人。其實不學佛的人裡面也有很多偉大的人、有很多通往實相的人。所以，一切的法如果通往實相，都是好的法。

佛在《四十二章經》就清楚地說：「學佛就好像彈琴，當琴弦太鬆時，要把它轉緊，才可以彈出很好的音樂；當琴弦太緊的時候，要把它轉鬆，免得一彈就斷了。所以琴弦要保持在能彈出好音樂而不鬆不緊的狀況。」佛法也是這樣，不要太緊，不要每天也不睡覺、也不吃飯、也不洗澡，太太跟你講話也聽不見，好可怕！最後會陷入一種難以超脫的境界。在《楞嚴經》有講到二十五個菩薩證得解脫的經驗，有的菩薩是因爲洗澡而證悟，有一位菩薩是因爲走路不小心被釘子刺到而開悟，所以這個世界上沒有一件事情是不能得到證悟的，有一位菩薩是因爲聞到別人燒香的香氣而得到證悟，觀世音菩薩是因爲傾聽這個世界的聲音而得到證悟，大勢至菩薩是因爲念佛而得到證悟，所以念佛當然可以得到證悟，而所有的法門也都可以得到證悟，其實人世間一切的事物都可以得到證悟。

證悟從什麼地方開始？是從開悟開始。什麼是開悟？打開我的心就是開悟。打開我的心不是一個目的，不是一個動機，不是一個過程，而只是打開。就好像你把窗戶拉開，它只是一個很簡單的動作，因爲你知道窗戶如果沒拉開，空氣進不來、光線進不來。所以要常常保持把心打開的狀況，有這種狀況，人間就是淨土，淨土也不離開人間。

我今天因爲生病感冒的緣故，所以聲音特別有催眠的效果，如果你們剛剛睡了一覺，而現在清醒了，突然想起什麼問題的話，我們可以來討論一下。

◎問答

問：當你生病的時候，咳嗽咳得很厲害，你怎麼體驗到一種清淨的感覺？

答：像我咳嗽咳得很厲害，我在家裡的時候，大概十分鐘咳一次，但我在這裡都沒有咳，因爲講到忘我了、無心了，沒有心想到咳嗽。爲什麼？當我們爲別人而活的時候，我們就不會執着於自己的痛苦。如果我們常常想到自己的話，自己就會常常很苦；如果常想到別人，就不會那麼苦。像媽媽生病了，還是要起來做飯給小孩吃，在做飯的時候，她不會苦，因爲她已經忘記她在生病。像我在生病的時候，也是每天做很多事情，每天要寫稿、要演講、要管教小孩，在做這些事情的時候，就忘記了我在生病。因爲在爲別人做事情，活在當下，就沒有了苦的感受。在《維摩詰經》裡講：菩薩病是因爲衆生病的緣故，如果衆生都無病，菩薩也就無病。萬一即使你常想到別人，而還很痛苦的時候，那怎麼辦呢？那只有祈求三寶的加被，就是對三寶有眞實的信心。《金剛經》說：「如來善護念諸菩薩，善咐囑諸菩薩。」我就常常說：「如來啊！您要護念我啊！您要護持我啊！」我有一個很好的方法，當我處在痛苦的狀況，我常常唸三歸依，或者念密宗的歸依咒。在念的時候並沒有一個特別祈求的對象，而是祈求十方法界一切的佛、一切的法、一切的僧，還有一切具德的上師，來護念我、咐囑我，來讓我做更多事情，來讓我盡一切力量處在無我、無私的狀態。這種祈求，我覺得非常有效，而這種信心，就來自《金剛經》的那兩句話：「如來善護念諸菩薩，善咐囑諸菩薩。」如果有這樣的信心，在我們非常痛苦的狀況之下，也可以得到清涼。

問：你說不打蟑螂，蟑螂就沒有了，是眞的嗎？

答：這個沒有了，並不是沒有蟑螂，而是你不把它當蟑螂看。佛經裡有個「衆生喜見菩薩」，蟑螂、蚊子都很喜歡看見他。所以並不見得是沒有，沒有的意思是因爲觀點得到轉化，所以蟑螂被當成寵物也有可能。就像現在有人養毒蛇，對他來講不是毒蛇；有人養老虎，對他來講不是老虎。這世界有很多不同的寵物，當你的觀點轉化了之後，你對它有另一番的看待，它就不再是原來的它。

問：我有一個朋友就是養了許多毒蛇，但他也是佛教徒，我常勸他不可以養毒蛇，他就是不聽，說他養毒蛇，也可以度化牠們。我不知道如何來度化他？

答：我覺得這是不對的態度，毒蛇在山裡好好的，自然會得度，你把它抓來，有什麼方法去度它呢？

從這裡我們可以看到他的盲點，你已經看到了他的盲點，因爲看到而使我們警醒，我想應該用你的修行來感化他、教化他。有很多時候，盲點一被突破，就會變得很好。

有一次我到花蓮去，有一個證券行的老闆，想要賺錢，他就請了一尊千手千眼觀世音菩薩，放在證券行的門口，每天拜。有一天一個算命的地理師跑來跟他說：「你拜這個怎麼會賺錢？那一千隻手，每隻手都要拿錢給別人，怎麼會賺錢！」他聽了嚇一跳，就趕快換了一尊只有兩隻手的，而且手還是合著的。後來我就跟他說：「那個地理師看錯了，其實千手千眼觀世音菩薩，他有一千隻手都是幫你把錢收回來的。」他聽了，很開心，到後來又把千手千眼觀世音菩薩請回來。其實這只是一種觀點的轉化，他陷入一種盲點裡面而不能作主。如果是在賺錢的時候，還沒有關係；如果是賠錢的時候，別人說什麼，他心裡都會有疙瘩。

這種事情很多，比如說有個學佛的人，他拜地藏王菩薩，有一天有個人跑來跟他說：「你怎麼拜地藏王菩薩，因爲你拜地藏王，一些冤親債主都會跑來找你。」這麼一說，他就很不安，一不安，一些冤親債主眞的都來了。我就覺得很遺憾，像這樣學佛就陷入了一個盲點，其實，拜地藏王菩薩可以得到大福報的。當一個人陷入盲點，就會把事情想壞，就會把地藏王菩薩想成境界很低，那這並不是地藏王菩薩的境界低，而是有這個觀點的人境界低。碰到這樣的情況，我們應該去轉化他，讓他突破這種盲點。

問：我有一個朋友完全沒有善根，不管花多大力氣都不能讓他進佛門，是不是有一種人，沒有善根，完全沒有機會學佛？

答：如果從短期看是有可能，從廣大的觀點看應該沒有這樣的人。因爲佛經裡講：一闡提的人也有佛性。「一闡提」就是完全沒有善根的人，一闡提人也可能成佛，因爲一闡提人也是衆生之一，只是說時機未到而沒辦法度化。那麼遇到不能度化的人，就管好你自己就好，因爲我們也管不了別人。就像我先前講的，這世界這麼混亂，我們每天還是要刷牙、洗臉，因爲別人又不是小孩子，總要由自己來刷牙、洗臉。

祖師也說過佛有三不能，第一、佛不能度盡一切衆生；第二、佛不能度化無緣的衆生；第三、佛不能滅定業，已經定的業佛不能滅。所以佛不是萬能的，連佛都有三種不能。我們都不是佛，我們的不能更多。

所以有時候這樣一想，唉呀！等待時機，或者等待可以度他的人。我想都是可以得度。只要我們心裡有這樣的信心，那我們想度的人就可以得度。如果你一放棄，那麼他就可能不得度。

（吳寶原整理）

滄海桑田

今天我們要講的題目是〈滄海桑田〉，我們知道一切存在的東西經過時間、空間都會產生很多變化，這在佛教裡的觀念叫做「無常」；世間的一切都是沒有常態的，但「無常」並非「斷滅」的，故佛教又有一個觀念叫「輪迴」，無常是不斷在變化與輪迴的。

今天我們就來講講無常和輪迴，無常在佛教有兩個基本觀念：一是死的觀念，死是無常，所以很多佛經談到死亡和無常是等同的，人生的無常是因爲每個人都會死亡，有一天我們都會面臨死亡。第二個無常是，凡是存在宇宙間的事物，每一刻、每一分、每一秒、每一剎那都在變化，這種變化是永無窮盡的。無常的觀念關係到死亡或世界的變化，我們在生活裡其實很容易體驗到。但是爲什麼一般人無法深刻體驗到？因爲一般人都不太願意去面對它，如果一早起床刷牙照鏡子時對自己說：「有一天我會死！」這樣想，每天都很緊張，但這是多麼重要的事。有一天我們會死！但我們常逃避它，不願承認它，雖然我們知道這是重要的。我對無常從很早就有一些體驗，我想每個人也都有過類似的遭遇，當我們第一次碰到人生的死亡時，對我們的震撼是非常巨大的。

◎永恒是否可以期待

我在小學三年級時，外祖母去世，給我很大震撼，因爲小時候，我常常寄住外祖母的家，我和外祖母睡一起，對她的感情非常深，有一天外祖母病了，我因上學沒機會去看她，過了近一個月，有天晚上回家，父親從外面回來叫醒我們說：「你阿嬷過身了。」那時家裏點的是煤油燈、燈光很微弱，一家人圍在桌旁那種感覺很奇特也很悲傷，與我對坐的是媽媽，她長得和外婆很像，那時我想八十年後媽媽也和外婆一樣會離開這個世界，想到這我就全身顫抖覺得非常可怕，「呀！媽媽有一天也會離開我們！」

我問媽媽什麼是「過身」？但一般大人是不會把事實告訴小孫子的，所以她說「過身就好像是睡著了，有一天他會在另一個世界醒來。」從那一天起，晚上我都不太敢睡，怕一睡醒來是在另一世界，而那個世界沒有親人就很可怕。爲了克服外祖母死去的哀傷，我每天和哥哥去運動場跑步直到沒有力氣倒地爲止，可見，第一次面臨死亡時給我們的震撼很大，我常常在睡夢中夢見外婆，我會想：「眞的有另一生，另外的世界？」這是大問題，人死後是否會在另一世界醒來？沒有答案，我們渴望死去的人給我們一封信、打通電話或來托夢說過得很好，但我們沒有這樣的機會，沒機會也沒辦法證明死後的世界是有的，很可能是因我們收音機的頻道和另一個頻道是不通的，所以當人陷入死亡的情況是進入另一個頻道。這死亡問題從小學三年級開始就困擾我，我常在想：死後有另一世界嗎？死後可以再醒來嗎？

小時候我很好奇，聽說那一家有死人就跑去看，看是怎麼死的，有天在我家附近的河裡有人死了，大家都跑去看。這個人是溺水死的，有人說溺水死的人如果看到他的親人就會七孔流淚、流血，我不相信。因爲我想如果我去買頭猪要吃突然流淚、流血，這不是嚇死人了嗎？由於不相信就跑去看，當我到達的不久之後，正好他的親人來了，就圍在他的身邊哭著叫他的名字，這時他開始流眼淚、流血，我看了全身發抖，眞是不可思議呀！怎麼死了那麼久了，還會流淚流血？是否證明死後還有另一世界？

永恒是否可以期待？在我小時候，就曾有這樣的思考。在我小學四年級時，聽我的鄰居說明天要去「撿骨」——就是人死後七年要把骨頭撿起來另外安葬——，就覺得很有興趣，第二天一早我沒去上課，把書包埋在香蕉園裡藏起來，就跑到山上躲起來看人撿骨，結果，看到一個非常震撼的影像，就是打開棺材後，那死去了七年的老太太衣服皮膚都完好，在場的人都呆住了，這就不是撿骨而是撿人回去了。差不多只經過十秒鐘時間，眼看著衣服和皮膚碎掉成一塊塊、一片片，白色的骨頭浮起來，看了眞是嚇呆了。那一幕猶如電影演的「失去的香格里拉」，男主角從香格里拉把年青美麗的女主角背出來，結果臉一下子碎掉了。那時我還不知道有氧化的事，當場就昏倒了，噢！眞是太恐怖了。接著就病倒，在床上躺了一個星期；這件事使我對無常有極深刻的印象，人生就類似這樣，我們雖然穿著很好的衣服，有美好的皮膚，有可能像十秒鐘那麼短就碎了。

◎死後是否還有世界

我們可能沒有辦法證明死後還有另一世界，但是我看過很多神奇的事，因爲我父親是非常虔誠的民間宗教信徒，我小時候常和他去進香，進香時常常發生神異的事，譬如在開路時刀砍到樹，樹流出紅色的血。有一次印象最深刻，我有位表哥是乩童，他隨廟裡去「割香」，結果到戰死很多日本人的地方，就捉了很多日本兵回到寺廟要幫他們編號，當天是我表哥當乩童，他沒有受過教育，當然也沒有學過日語，起乩時就講日語，所有的人都呆住了，有的說他是京都某地方的人、幾歲時被炸死等等。鄉親裡有位年紀大的人就跟他說：「你要做我們媽祖廟的天兵天將了，還講日語？要改台語才對。」講完了那個日本兵透過表哥就講台語。這件事眞的很震撼我，死後，可能還有世界呀！

我也寫過小時候過火的經驗、非常神奇無法理解，這使我疑惑，可能有另外一個世界，死亡可能不是人最後的結局，但我們要用什麼方法或態度面對死亡？我們會發現我們活著的時候，往往把自己看得很重要，其實，沒有一個人死了這世界就停止轉動，再偉大的人死了，世界一樣在轉動。也就是說，人在這世界是很渺小的，因此沒有必要花太多時間爭取世界的某些東西，要時常想到我死了一定有人頂替我的位置、這世界還是繼續運轉。認識了人生有限渺小的觀點，使我們的渴求、貪欲變得比較淡薄，也因爲這樣的觀點，使我們在面臨親友死亡時雖然感到悲痛，但能逐漸的站起來去重過日子，因爲有生有死，原來就是自然的道理呀！

我在讀高中的時候，有一天看到隔壁同學在流淚，我問他爲什麼哭？他說他的父親和哥哥在海上死了，我聽了呆住了，昨天死只是這樣默默流淚，如果是我一定號淘大哭，但即使傷心至死也不能改變親人已死的事實，故對我們的死或親人的死，我們可以以一種澹泊的態度來對待。從前我在《紫色菩提》裡寫了好多有關我父親死去的情形，當工人把墳挖開把棺材放下時，叫我們每一個孩子把土灑在棺木上，我在灑土的時候第一個念頭是，有天我也會躺在地下讓別人在我上面灑土，這樣想起來，人生的整個追求就改變了。我們對人生有怎樣的追求？我們希望人生有怎樣的意義？這些觀點都會得到轉變，如果我們肯去面對我們會死這件事，我們的人生就會得到改變。

在佛教的觀點，人是會死的，沒有一個人例外，不管權勢有多大，多有錢、多有名、多有地位，最後都會離開世界。另外一個無常的觀點是：一切的事物都有生死，我眼前的這杯子也會死，當杯子被燒成的那一刻已經注定了他的死亡，如果杯子沒有被燒成就永遠不會死，既然被燒成了做爲杯子就有生死，宇宙間的一切就是這樣，凡是有形成的就會死亡，這死亡是一種變化，過去經驗的變化，消失就是一種死亡，就像我們到從前去過的地方總會發現那地方有重大的改變，我們常常看到別人的變化、老去、死亡，但卻看不到自己的變化、老去、死亡。所以我們要對無常有堅強的觀念，一是我會老去、死亡，猶如這世界變化，無常乃是這世界的共相而非殊相，是普遍的，人人都會遭遇的。二是認識到無常是無所不在的，無常不只存在外在世界，我們的心念、身體、情感、生死都是無常，心念變化最快，那種快速和整個世界是相應，我們無法管住自己的心念，因爲心念是無常的，我們感覺心只有固定的一個，其實心是不斷在變化的。那就像我們坐在河邊，兩次伸脚入水每次都會碰到不同的水，心念無常就是這樣，我們一般人要把心念保持在恒常的狀況是不可能的，有的人很痛苦，跑來找我說：「我感到很痛苦，不知該怎麼辦？」我說我們來做一個最簡單的實驗，就是早晨起床時坐在床上，發誓我要保持像此刻這樣痛苦二十四小時，我們會發現要二十四小時痛苦是無法保持的，因爲當我們吃飯、刷牙、洗臉就會忘記了痛苦，那是由於心念是不斷在變化的，身體、情感、世界也因這種心念變化而不斷變化，所以說無常是無所不在的。第三觀點是：無常是從我站的地方，從此刻開始，並非從前，而是此時此地開始。無常的變化很大，這變化使我們對過去未來都處在一種不可期待的狀態，如果現在無法面對此刻則無法理解無常的問題。

◎無常是無所不在的

無常是從我們站的時刻和地方開始，不要對未來有太多的期待，因爲未來每一時刻都在改變，這一刻我要好好面對無常。也可以說無常在佛教裡是最重要的一個觀念，如果沒有無常則佛教就失去存在的基礎，就沒有中心思想的、也沒有立足點。我們來看看佛教對無常的基本概念，「凡在世間一切的有爲法都是因緣而生」，因緣有四種相就是生、住、異、滅，「生」就是誕生，如杯子被燒成；「住」就是杯子可以使用還活著；「異」就是杯子表面上雖看不到它在變化，但裡面是隨時在變化，杯子的分子在老化；「滅」就是消失，杯子雖沒破但有一天會粉碎、消失於世間。這四種相「剎那生滅不能常住就叫無常」。

在《大智度論》裡把無常分成兩種：一是「念念無常」，也就是一切有爲法就像我們的念一樣，每一念都是無常。二是「相續無常」，就是相續的法最後定會壞滅，就好像我們人的壽命到死時的這段相續就結束了，因此無常產生十二種外相，從十二種外相裡可看到無常，這記載在《阿毘達磨論》裡，一、「非有相」——無常是沒有實體的。二、「壞滅相」。三、「變異相」。四、「別離相」。五、「前相」。六、「法爾相」。七、「剎那相」——如一小時有六十分、一分有六十秒、一秒有六十剎那、無常是像這樣微細的變化。八、「相續相」——就是無常看起來是斷滅如杯子突然破了，這並非突然斷滅，而是有它的前因後果。九、「病等相」。十、「種種心行轉相」、十一、「資產興衰相」。十二、「器世成壞相」。以上十二相可讓我們知道無常的現象。

我們從佛教的兩個關於無常的故事，可以看清無常的重要，一則記載在《大般涅槃經》裡，說從前有一個雪山童子，雪山童子就是釋迦牟尼佛未成佛之前的一次前身，雪山童子在雪山修行，當他正在修行修到不錯時，天帝釋提桓因就要去考驗他，從他前面走過去唸一首偈的前兩句：「諸行無常，是生滅法」。雪山童子聽到後心想怎麼有這麼棒的話，從來沒有聽過，意思是「這世界的一切都是無常的，這是一種生滅之法」，現在我們聽起來好像很簡單，那是因爲我們聽過了。雪山童子第一次聽到就感動不已，對於眞的有修行的人聽到非常好的話，那種感動及法喜是無法形容的，所以我們可以體驗一下雪山童子聽了這兩句話，立刻跳起來捉住釋提桓因，釋提桓因立刻變成羅刹，就是非常醜的惡鬼，雪山童子抓住他說：「哎呀！你怎麼唸這麼棒的句子？你可不可以把下半偈唸給我聽？」羅刹就說：「後面還有兩句，但是現在我肚子很餓，要吃飽才能唸，這樣好了，你讓我吃，在你死之前我把後面兩句唸給你聽。」結果雪山童子立刻從樹上跳下來自殺，把自己摔死給羅刹吃，結果跳下來沒死，因爲這是天帝的變現，天帝就跟他講後面兩句：「生滅滅已，寂滅爲樂。」這是佛教非常重要的偈，可以概括整個無常的中心思想，也可以概括因緣的中心思想，修行通向涅槃的中心思想，翻成白話是：「這世界上沒有一樣東西可以常住不壞，凡是生的，定有滅；只有超脫生滅的世界，才可以得到寂靜的眞理。」如果我們常常去思考這個偈，會讓我們對無常有新的見解。

另外在佛經裡講到對無常迅速的一個故事，是記載在《阿含經》，有一次世尊對弟子們說：「如果有四個最好的射手，同時對著東、西、南、北，把弓拉滿射向四個不同方向，這是快或不快？」弟子都說：「這當然很快！」佛就說：「還有比這更快的是有一人可以在四支箭沒落地時接住。」佛又說：「還有比這個人更快的，是日月的運行。」最後，佛又說：「還有比日月運行更快的，就是人命的無常。」弟子聽了都嚇壞了！佛就說：「你們要好好思惟無常的問題呀！」這段經文原文很美：「佛說：諸比丘！命行遷變倍疾於彼導日月神。是故，諸比丘！當勤方便觀察命行無常迅速如是！」翻成白話是：「佛說：人的生命行爲的變遷比日月運行還快，所以你們應該常常勤勞、方便觀察一個人生命的無常、迅速正像這樣子。」弟子聽了都很感動。這是佛經告訴我們兩個無常的重點，連佛自己都說自己也難免於無常，在《大智度論》曾有一節談到佛涅槃時，有一位長老叫阿泥盧豆說了一首偈：「咄世間無常，如水月芭蕉！功德滿三界，無常風所壞。」雖然功德遍滿三界，還是會被無常的風所吹壞，像佛如此偉大超出三界的人，他都不免無常，何況是我們凡夫呢？因此，我們得到一個結論，就是觀察無常是學佛的第一要門，也是發菩提心的根本，這種要門或修行在佛教裡叫「無常觀」，無常觀在佛教是非常重要的，佛最早的說法都與無常有關，像三法印「諸行無常、諸法無我、涅槃寂靜」，這講的是無常。像四聖諦苦集滅道也是講無常，四念處也都是從無常來講。

◎對無常的四種顚倒

凡夫不易有無常的觀點，對無常不易有深刻的認識，那是因我們常陷入於四種顚倒：一是「常顚倒」，認爲世界有常，對世間有常見，認爲有永恒的事物，因爲我們從小的教育總教我們有永恒事物，例如以爲愛情是永恒的，誤以爲功績是永恒的，例如作家要寫出流芳百世的作品追求永恒，例如政治家說自己是在寫歷史，寫歷史就表示對永恒有期待，這些看法都是顚倒，在實相上世界並沒有永恒的事物。如果一個人到三十歲還認爲有永恒、那麼他就是顛倒，到了三十歲一個人至少會發現感情是不永恒的，功業也是不永恒的，前幾天我在演講時有人問我：「如果我們對永恒這麼悲觀，你叫我們不要執著，那國父孫中山先生沒對革命有那麼熱切的執著，革命怎麼會成功、中國怎麼得到解救？」我說請你想一個問題就是爲何你能確定國父推翻滿清創建民國，中華民國變得更好？那麼爲什麼滿清亡了，中國人的苦難從未消失？所以，沒有一樣是永恒的功業，認定有永恒事物就是顛倒。

二、凡夫易陷「樂顛倒」，常有人向我說，你常講人生很苦，可是我覺得生命很快樂。我有一位藝術家的朋友，他說他要創一個宗教叫「樂教」，只有快樂沒痛苦，這就是顛倒，人生是有快樂的時候，但佛經上說：所有的快樂都是痛苦的根源，五慾的快樂是無常的，無覺的人沈迷於這種快樂之中，這是凡夫的第二種顛倒。

三、是「我顛倒」。佛教的說法，人的身體是四大假合的，並無實體，但凡夫不知此理，認爲有個主宰，我就是我，這是認假作眞，其實我是不存在的，想想從生下來到現在，我們的「我」已經經過很多次的變化，很多次的假合；如果我們三年沒有見過一個孩子，三年後可能就認不出來了，因身體是假合，不斷變化、一般人不懂這個道理，認為有「我」的存在而對「它」執著。

第四種「淨顛倒」，認為我們的身心是純淨的，有人說「學佛要做什麼!?信宗教要做什麼?只要多做善事就好了，我這輩子都很清淨，從沒做過壞事，所以無須學佛，也不需要宗教。」這就是淨顛倒，因為只要投生在這世界就是不淨的，凡夫認為身心清淨，所以對身心生起貪戀的心，這就是顛倒不易解脫。這四種顛倒就是對無常的錯誤認知，以為世界「常、樂、我、淨」，如果能突破錯誤的認知，我們的心就可以不顛倒。

所以我們要認識人生眞理，要體驗佛法，就要很深刻的生起無常的觀點，一個人看清無常就可以突破三個境界：一是容易放下：看清這世界本來就這麼無常，看清有一天我會死，如果對這個有深刻的體驗，則在死的時候就容易放下。二、是容易突破執著：因為知道無常，就能減少執著，例如這杯子如果是古董掉下來破了，由於不會執著，就不致於悲傷欲絕，因所有的古董都會破，世上沒有古董不破的，如果古董不破就不值錢了；打破了執著，就會知道連無常都是值得感恩的，如果世界沒有無常，就會變成很可怕的世界，例如早餐時要與一萬年前的祖先在一起吃飯，想起來多可怕，還好他們都已死了，在無常裡消失了。又例如我們在路上認識一個異性，因緣就註定永恒了，那也是非常可怕，如果不喜歡也要在一起怎麼辦？所以有變化並沒有那麼壞，我們就不會生起執著，碰到變化的時候就可認識它、接受它，雖然可能會有很深刻的痛苦，但這種痛苦與不認識無常的痛苦是不一樣的，不認識無常的痛苦是「迷的痛苦」，認識無常的痛苦是「覺的痛苦」，什麼是迷的痛苦？如我們有位親朋好友死了，唉！如果不死多好，執迷於不死，不能面對「死永遠不會復生」的事實。如有覺，我們知道死是很痛苦的，所以我們對死要有新的看法、好的看法，然後好好面對死，這是覺的看法，因沒有執著所以對人生就比較沒有遺憾，因有財產一定會失去的，不會永遠有財產，那就可以用一種坦然的態度來生活。

◎無常的三個觀法

譬如說有一次有一個很憂愁的太太，她很煩惱，爲什麼煩惱呢？她說：「我的小孩，他們班上有四十個學生，我的小孩每次都考第四十名，從來沒考過三十九名。」她就很痛苦很煩惱，不知道怎樣是好。我說：「如果我是妳，從今天開始，我就高枕無憂了。」她說爲什麼？我說：「因爲已經壞到谷底了，妳的兒了已經不可能考第四十一名了，所以妳已經太好了：再也不會掉下去，如果是三十八名，會擔心掉到四十名，因爲已經四十名，老神在在了。那麼如果不再跌下去唯一的結果是什麼？他一定會反彈，可能下一次就考三十九名也不一定。」她聽了就很開心。如果能眞的這樣想，人生不就沒有遺憾了嗎？

我們常常覺得變化是可怕的，其實變化並沒有那麼可怕，如果沒有變化，那麼我們的痛苦怎麼辦呢？我們陷入痛苦的時候，如果沒有無常，這個痛苦就是永恒的，光是想起來就很可怕了。所以無常的短暫，其實並沒有那麼可怕，這種短暫在佛教裡面有很多很多的語言，譬如說：夢幻泡影，如露亦如電，要常常去做這樣的思維。《金剛經》裡面說：「一切有爲法，如夢幻泡影，如露亦如電，應作如是觀。」我們要常常觀察我們身邊的事物，就像夢幻泡影露珠跟閃電一樣快速，在民間信仰裡面，也有無常，不過他把無常具像化，叫做「黑白無常」，其實黑白無常是佛教裡最早的觀點，並不是眞的兩個鬼，它只是一種抽象的概念，無常就像日月的運行一樣那麼的快速，晚上是黑，白天是白，這運行非常迅速，所以叫做黑白無常，後來就變成具像化，一個黑色、一個白色，很可怕，在人死的時候就會出現，來抓住剛死的人叫做無常鬼。

也可以說無常有它可怕的一面，無常又是短暫，又是那麼可怕，我們如果要做無常觀，要用什麼方法來觀？有一些簡單的方法來觀照無常。第一個觀照無常的方法，就是「常常反觀自己的內心」。釋迦牟尼佛有一次在《楞嚴經》裡曾經講到一個故事，他告訴弟子小時候去看恒河的情景，他說：我在很小的時候，我的母親第一次帶我去看恒河，站在恒河邊，感觸非常深刻。長大以後，再去看一看恒河，感覺完全不一樣，恒河看起來沒有什麼改變，我也知道我還是小時候的我，但是事實上，我已經不是小時候的我了。所以說，每一個人心裡都有一條恒河，在無常裡面有一個「常」的東西，這個常的東西，就是那個可以體驗的，不變的一個東西，不管遭遇到什麼，你都知道這個是你，這叫做「心的恒河」。這種恒河，在佛法裡面，叫做「佛性」，也叫做「法性」，叫做「妙有」、叫做「眞如」，叫做「如來常性」，也就是由於相對的無常，而產生的一個觀念，讓我們知道，雖然身體世界是無常的，不斷變化，有一天我會死亡，但是只要我體驗到那個「妙有」的法性，體驗到那個恒河，那麼我就可以不害怕無常，因爲知道死後，還有世界。在我們佛法裡面，每本經前面都會印開經偈，這開經偈是非常美的偈，是武則天寫的：「**無上甚深微妙法，百千萬刼難遭遇，我今見聞得受持，願解如來真實意。**」意思就是說：「雖然在百千萬刼裡面，我們有很多很多變化，今天有幸我聽聞了佛法，希望我可以了解如來眞實的意思」，這也是一種很好的觀法，回來看待自己的如來實意，唯有知道自己有如來眞實意的，才可以了解外面的如來眞實意。

第二個無常的觀照，叫做「一心一境」，這是非常有效，而且很容易去做的一種修行方法，也就是說，除了眼前的這一心、這一境之外，並沒有另外可掌握的東西，沒有另外一個可掌握的時間，我們要常常有這樣的體驗，我們現在相聚在這裡，大家有一個很好的因緣，但是沒有人知道，走出這個房子還可以活多久，所以要好好的活在每一個境界裡，這是無常的第二個觀法。

第三個觀法，就是要有「必死之心」，要有必死的決心，我一定會死，這樣一想起來，就輕鬆得多，你如果想說「我不會死，我不會那麼快死」，就很不輕鬆，負擔很大。要有必死的決心，認為自己一定會死，有什麼理由支持說：「我會死」？因為經典裡面說：「生者必滅」，生下來一定會滅掉。「會者必離」，相會的人一定會別離。「盛者必衰」，興盛的或者青春的一定會老去。這樣一想，早一點知道採取必死的決心，那是很好的。在從前有很多修行者，他們都有這種必死的決心，譬如說：普賢菩薩的警衆偈：

「是日已過，命亦隨滅，如少水魚，斯有何樂！」這是每次做晚課時候，唸的一個偈，唸的時候也是感慨很深，「是日已過」，就是今天已經過完了，「命亦隨滅」，我的命已經減掉一天了，「如少水魚」，就好像水在魚缸裡被人淘了一瓢水一樣，「斯有何樂」，人生有什麼快樂？每天這樣一想，就覺得眞的要有必死的決心才好。永嘉玄覺禪師曾說：「生死事大，無常迅速。」只要有一個人，牢牢記住這兩句話，修行就很容易深切了，「生死事大，無常迅速」，無常有一天一定會到來，這是生命的實相，這一天到來會使我們知道：唉呀！如果我們知道死後還有一個世界，接下來就進入生命的輪迴裡面。

◎輪迴的三個反思

接下來我們來講一講輪迴，因爲許多人對輪迴有很多的迷惑。常常有人問我什麼是輪迴：「林先生，你相信眞的有輪迴嗎？可不可以演給我看？」我眞的有辦法演就好了，好，現在大家看這裡，我演一個輪迴給你們看，我沒有這個能力呀！我們怎麼樣來確知有輪迴？怎樣來證明有輪迴？這兩個問題，釋迦牟尼佛也遭遇到，曾經有一個婆羅門去問佛陀說：「世尊，如何知道眞的有輪迴？」因爲在古代印度的婆羅門教裡，就有輪迴的觀念，跟佛教的輪迴觀念不一樣，那時候的輪迴觀念，認爲印度的種姓，透過輪迴，他們是不會改變。譬如說：你是婆羅門，你是刹帝利，你是首陀羅或者你是賤民，你死了以後，還是承襲你的那個種姓。婆羅門死了，還是婆羅門，所以當釋迦牟尼佛講六道輪迴的時候，對婆羅門來講是一個很大的衝擊，因此有一個很有智慧的婆羅門就問佛說：「爲什麼可以知道有六道輪迴呢？」佛回答說：「如果輪迴像你們講的是一種世襲，就是說我承襲了我以前的婆羅門的身份，第一個爲什麼婆羅門也有業報，如果你都承襲好的，不承襲壞的，爲什麼在婆羅門裡面有的人有業報呢？有的人有壞的遭遇，有的人有煩惱呢？也就是，在婆羅門裏的人，爲什麼每一個人都是不同的？」

佛說：「這就是輪廻的證明」。講得多棒！以後你如果要問輪廻有什麼證明，用這一句話來思考，就可以知道，這一句話可以讓我們從幾個角度來思考，第一個思考是，每一個人都在輪廻裡，因爲有輪廻，所以每一個人都是不同的，如果沒有輪廻，像有的宗教說：這個世界的人都是上帝所創造的。這就面臨兩個很重要的問題，第一個：如果你是個陶藝家，會不會故意把你的陶器做的很爛，不會！可是你看這世界有很多人，被創造得很爛，爲什麼上帝手藝這麼差？製造了這麼多不好的陶藝品呢？如果說上帝是個工廠，製造很多很多的人，很多衆生，可是上帝的工廠，未免品管太差了吧！爲什麼沒有辦法品質管制，使每一個人都一樣美麗，每一個人身高都一八八，每一個人都不生病，然後每一個人都過著幸福快樂的日子，爲什麼大家都不一樣？都是不同的？就好像車輪轉動一樣，有一個軸心，輪廻就是有一個軸心在轉動，這個軸心的轉動，輪廻的轉動，不是死後才開始，在我們成長過程裡面，事實上已經經過很多次的輪廻，現在如果可以把我們從生下來到現在的時間，劃分成幾個重要段落，這每一個段落，就是輪迴，等到我們死亡的下一輩子，那也只是這些段落裡面的一個段落，這樣思考就比較容易，能夠體驗到輪迴。雖然輪迴是沒辦法證明，但是我們可以用一些反面的思考，這種思考就是，如果這世界沒有輪迴，那就很可怕，爲什麼很可怕？這個世界所有神秘可想像的東西，都變成不存在。譬如說：星相學、紫微斗數、子平數，這些通通不存在，但是這些都有它的道理。由於人都有無限的前世，所以你每天照鏡子的時候，不要抱怨你會長這個樣子，就是因爲有輪迴，才造成每個人都不同，而輪迴是由非常非常久遠的時間轉過來的，所以才會有那麼大的不同。

第二個，我們可思考的觀點就是，如果沒有輪迴，有的人說，因爲每一個人都不同，長相不同，有的美、有的醜、有的高、有的瘦、有的智慧、有的愚癡，那是因爲遺傳的關係，那爲什麼有很多天才的人，他們生的小孩却很愚笨呢？沒有辦法解釋，爲什麼很多人生下來就不同？即使是兄弟姊妹，同一對父母所生，如果說是遺傳可以解釋，爲什麼每一個兄弟姊妹都不同，而且差別還那麼大。在我小的時候，就常常思考這樣問題，爲什麼呢？因爲我有一個最小的弟弟，長得非常帥，以前長得就像電影明星尊龍，我們家小孩臉都扁扁的，只有他是非常立體的，從小我們都很羨慕他，但是他現在年紀也大了，看起來像尊龍的表哥，已經沒有那麼立體了，不過，小時候，就是在年輕的時候，真的很帥，我每次吃飯的時候，坐在他對面就發呆，爲什麼不把我生成那樣子？爲什麼我弟弟這麼帥？我這麼不帥，原因出在那裡，如果是同一個父母生，同樣的遺傳，照理說，應該每一個都一樣帥，爲什麼生下來就不同？而且差別那麼大。因爲有輪廻，所以遺傳是無能爲力的，遺傳當然有很多因素，遺傳在佛教裡面叫做「共業」，有共同的業，因此有了遺傳，但是這個遺傳沒有辦法完全解釋輪廻，爲什麼？因爲我們在無限的時空裡面，已經接受了無限的遺傳。

第三個可以思考的問題，就是如果沒有輪廻，世界太不公平，每一天打開電視，看到很多世家子弟，連戰、宋楚瑜、馬英九、陳履安、沈君山、吳伯雄，爲什麼他們都那麼好？他們生下來就有很好的家世，或者很有錢，長大了，還長得很帥，讀書又很會讀，考試都考第一，又娶中國小姐，哇！爲什麼那麼好呢？我們怎麼都沒那麼好的運氣，太不公平了！不過如果你知道有輪迴，你就知道其實是公平的。由於這些反證，使我寧可相信，這個世界是有輪迴的，因爲有輪迴，這輩子的努力奮鬥跟修行，才有意義。

◎不斷清淨身語意三業

確信了輪迴的實有，生命才不會走下坡，如果我們不知道有輪迴就可能去做一些不該做的事情，認爲無所謂，就會變成一種很可憐的現象。人生的一切不平跟變化，也因爲有輪迴，而得到公平，所以我們可以有一種沒有遺憾的心，去觀察人生的不平跟變化，對無常的觀照，還有對輪迴的確信，使我們知道生命確實是「滄海桑田」，變化實在太大了，唯一能使我們超脫，就是去面對這種無常跟輪迴，唯一能使我們超脫的就是修行，怎樣來對治輪迴所受的痛苦呢？在佛經裡說：「如果一個人的身語意，三業清淨，就可以對治輪迴的痛苦。」身語意，就是行爲、語言、意念，這三個不斷走向清淨的道路，最後就會解脫輪迴，即使沒有辦法解脫輪迴，將來也不會墮到比現在更糟的地方，因此不斷地身語意的清淨，會使我們輪迴到更好的地方。

為什麼說輪迴有六道輪迴呢?以一個輪子為例,有最外面最裡面,最外面的比較接近鬼道。譬如說:有一個輪子輾過,承受力量最大的是那裡?就是最外面,如果投生到鬼道、畜牲道、地獄道,就好像在這輪子外面,這輪子一直輪轉,每次都壓到你痛苦的地方。身、語、意的清淨,不斷讓我們走向輪迴的軸心,一個輪子的軸心,如果你處在最軸心,這個輪子不管怎麼轉動,你也不會被轉動,如果你還沒辦法處在這個軸心,沒有關係,在靠近軸心的地方波動也就不會那麼大、痛苦就不會那麼深切,因此對待輪迴最好的方法,就是使身、語、意清淨,對待無常最好的方法,在佛經裡面,就是熄滅貪、嗔、痴,如果我們對過去、對人生沒有貪念,我們就不會害怕無常,因為有貪念,才有害怕,如果我們對自己的痛苦,沒有憎恨、沒有遺憾,也就不會害怕無常。如果我們不愚痴,對人生一直有清明的觀點,也不會害怕無常。

當一個人突破了無常跟輪迴觀念之後,人生的變化事實上只是一種過程,有時候變化也是非常美的。滄海桑田,當然是無奈的,不過有一天你站在很高的樓上,看到一片大海被填平,那種壯濶、那種廣大的感受,也是可以帶來美的。有一首白居易的詩裡面有這樣兩句說：「若非群玉山頭見，會向瑤台月下逢。」我想很多人都會唱這一首詩，如果我們可以突被無常或者輪迴，如果不是在群玉的山頭相見，就會在瑤台的月下相逢。所以不要害怕無常或者輪迴，因為無常跟輪迴，都是人生最好的啓示，它讓我們在變化裡有美的懷抱、升起智慧的觀點。學習佛道的人要有平常心，來看待這一切，看待無常和輪迴。

最近有一個報紙還有電視廣告拍得很好，有很多偉人喝一種飲料，叫做泰山午后茶，所以頭髮變了，牙齒也掉了，這個廣告詞說：「偉人也有平凡人的追求」，我覺得這句話講得還不完全，應該完全一點，也可以說：「平凡人也可以有偉大的懷抱。」一個平凡人，如果他對無常、對輪迴有一個很好的觀點，就已經有一個偉大的懷抱，有時候比偉人對平凡的追求還要更令人感動。

從前有人問一個禪師說：「師父，請問什麼才是逃避災難最好的方法？」禪師回答說：「應該受苦受難的時候，就坦然去受苦受難。應該死的時候，就去死。這是逃避災難最好的方法。」所以不要逃避無常，要轉過來去面對它，這才是我們走向眞理最好的方法。

◎有更清明的觀點看人生

當我們看到無常，或者看到輪廻，這樣大的題目，就好像看見一座山一樣，我們不可能改變它，不可能改變無常，或者改變輪廻。最好的方法就是自己去面對它；釋迦牟尼佛曾經講過一個這樣的觀念；說到無常就好像四面的山，向我們移動過來一樣，有一次，他對波斯匿王說：「你所有的權勢跟名位，都不能阻擋像無常這樣的大山，從四面八方向你壓過來。」所以他說即使是國王，也不能逃避無常，最好的方法，就是認識到有一天山也會壓過來；但是他告訴波斯匿王說：「等到山壓過來時，你要逃避，已經來不及了；現在就要認識到山會壓過來。」講得多麼好，現在趁我們還這麼年輕力壯，走過去看看那一座無常跟輪廻的山吧！看看無常可以給我們什麼樣的體驗，看看親人、朋友離開這個世界的時候，可以給我們什麼樣的體驗呢？前年我有一個堂哥過世，我在他的病牀旁邊幫他唸佛，坐在病牀旁邊，看著他的時候，我的心非常平靜，雖然也很哀傷，但是已經沒什麼痛苦，我知道這是一種無常的變現。雖然他還這麼年輕，還不到五十歲。但是有更多的人、比他更年輕就離開這個世界，因爲有這樣的觀點，我們就不會混亂、不會手足無措、不會不知如何是好，我們就可以用一種很好的態度去處理，使他們可以珍惜眼前世界。因爲這種珍惜、看破或短暫的無常裡面，人生還有很多的風景可以看。

雖然這麼緊迫，走出去如果每天都想到無常，是很緊張的，但是在無常裡面，其實人生也有很多很好的風景，有一次我去送一個朋友離開這個世界，最後我們看著他的臉，看著他的棺木蓋起來，最後離開這個殯儀館的時候，我站在殯儀館的門口心裡有非常多的感觸，有一天我們的朋友都會離開我們，如果比較不幸的時候，是我們自己先離開我們的朋友。所以我站在殯儀館門口的時候，非常感慨，深深的吸了一口氣。想到百年以後，我就再也不能夠呼吸，這個時候深呼吸，發現民權東路殯儀館的空氣，也是不錯的。眞好啊！雖然台北市這麼混亂，但是你想到百年後再也不能呼吸這空氣哦！開始走路散步到亞都飯店去喝一杯咖啡，坐下來叫一杯咖啡端起來喝，先想一下，百年以後，再也喝不到這樣的咖啡了，哇！咖啡怎麼這麼好喝。眞的，當我們知道無常這麼緊迫的時候，會反過來對每一個此時此刻有一種非常深刻的體驗，然後我們就會珍惜我們的人生，這種珍惜和經驗是修行非常重要的東西，如果沒有眞實的體驗觀照，那麼我們不會知道什麼才是眞實的修行。

體驗和觀照是最好的修行了，常常有人說：我每天花好幾個小時讀佛經，我說你不必花那麼多小時讀佛經，你只要好好的讀「人生」這一本經就好了，人生就是一本很大的經，所以中國有一句話說：「家家有本難唸的經」，眞的你的人生那一本就是經，沒有另外的東西叫做經。當然有很多人會抱怨說：「我的這一本怎麼特別大本！特別深！特別難讀！」家家有本難讀的經，正好你翻到那一本是特別大的，但是沒有關係，那是因爲要使你變成一個更有智慧的人，要使你變成一個更能包容的人，要使你變成一個有更清明的觀點來看人生的人。我自己這一本經，讀這一本經來印證牆壁上的佛經。這時候就會發現，眞的學佛是一件有趣的事情啊！眞的是開啓我們智慧的事情！今天我們所要認識的就是從今天開始、牢牢記住「生死是大，無常迅速」，好好的做我們的軸心，在這個輪廻裡面向前滾動，這是我們學佛的一個非常根本的東西，每一人都要去認識它。

◎問答

問：在佛家裡面，你能不能解釋一下，爲什麼表兄妹或遠親結婚比較容易生出白痴或低能兒的案例？

答：這個在佛經裡面不知道有沒有，我想這有二種可能，一種是生出白痴，另外一種是生出天才，不是全部生出白痴，爲什麼？這個就叫做共業，共業就是表兄妹結婚，這個業是用「相乘」的，就是業乘以業，如果是不同的、沒有親戚關係的人結婚，也是一種共業，但是這種業是「相加」的，所以它的那種結果，不會那麼強烈，表兄妹結婚爲什麼那麼容易生出不健全的孩子，很可能是因爲他們這個共業比較可能是不好的共業得到一種相乘的結果。反過來講，我相信也可能生出很有智慧的。我有一個親戚就是表兄妹結婚的小孩，是天才兒童，可能是好的業，得到一種相乘的效果。爲什麼說表兄妹最好不要生孩子，因爲這世界上有好的業實在太少了。

問：現在的世界跟未來有無衝突？

答：我想如果我們把過去、現在、未來當作一條線的話，如果眼前得到珍惜，那麼未來當然就得到珍惜，是不是？眼前跟未來並不是分開的，珍惜眼前的世界，事實上是在珍惜未來的世界。如果眼前沒有得到珍惜，那麼未來就變得沒有意義，未來就不可能發展到很好的狀況、爲什麼？因爲每一個未來就是由眼前來累積的。

問：有人說常常算命會愈算愈薄，是眞的嗎？

答：我想是不會的，人說命愈算愈簿，相信是不會的，因爲你是什麼命，你大概就是什麼樣子，不會因爲算就會薄掉的。命會愈算愈薄的原因，就是算命的過程裡面，我們會因爲算命仙對人生的觀點不透徹，常常會誤導我們的心念，大概就會不好，所以我覺得偶爾算一次沒關係，也不要常常算，常常算就不好。你看這世間給人算命的，有那一個是好命的，幫人家算命的很少有好命的人，算命畢竟不是一個很好的事情。例如說，特別是算前世是很可怕，如果你去給人家看前世，那個人告訴你說：你的前世是一隻蟑螂，你這一輩子都會活得很不快樂，看到蟑螂就像看到兄弟一樣，對不對？可是很可能這個人沒有看到你是怎樣去做，蟑螂的，你可能是發願來的一個菩薩去做蟑螂，這個就不一樣了。假設說最會算命的可以算出前世，前世之前還有前世，再前世的前世還有前世，最根本的那個你，他一定是算不出來。像在經典上記載說，佛可以一開眼看就看八萬大劫以來的所有生死，我想這樣才有資格幫人家看前世。我有一個朋友，去給人家看前世，算命的跟他說：你的前世是一隻獅子，你兒子前世是一隻兔子，你把牠吃掉，所以你這一輩子就要還他的債。他每一次看他兒子，就生起一種很怪的情緒來，這個就是算命造成很嚴重的誤導。

問：林老師好！我們上次在民生報見過，今天晚上有很大收獲，我有一個感想，那是說，對許多種看法，前一次課程跟這一次課程，我覺得這一次我懂得更多。

但是我覺得這兩種課程，能夠拉長爲三小時的話，可以更幫助我的成長。有的時候我的思緒跟不上老師的思緒，我會怎樣設想一下這個什麼意思，覺得裏面的東西太多，道理很多，可是我的思路跟不上。

答：哦！眞的嗎？因爲上次我在民生報給你們上課，跟菩提園上課的情形有點不同，在菩提園我們已經上了好幾年的課嘛！所以這裡面講的會有佛教的一些比較難的東西，比較難思考的東西啊！

問：如果我的孩子使我感到很大的困惑，使我感到很沒有信心，我很想放下這一切！

答：我想不是放下我們的孩子。不是我放下我的事業、我放下我自己本來想追求的一切，放下不是放棄，而是我本著喜悅去成就我的孩子，他是一個另外的生命體。我對教育的觀點是兩句話：「好的小孩教不壞、壞的小孩教不好。」

問：壞的小孩教不好怎麼處理呢？

答：壞的小孩教不好、就是因爲他的本質，也可以說是業，但是教不好，就並不是說不要教，而我們要培養這個孩子的渴望比父母的教育更重要。如果好的孩子渴望做什麼，那可能比我們教育他去變成什麼更重要。所以，我想我們不必那麼早就給小孩子做斷定，因爲你的小孩才唸小學嘛，在小學，其實還看不出來一個人會怎樣發展。我自己在成長的過程也是一個不好的學生，結果也沒有太壞。因此我不覺得一個人在小的時候可以斷定他的將來，因爲將來隨時會改。台灣話有一句話說得很好「大隻雞慢啼」。可能你的兒子是「大隻雞」。你要常常保持這樣的信心期待，然後我想你要站在你小孩的那一邊，而不是站在老師那一邊、如果所有的人都站在老師那邊，對小孩來說是不公平。

問：老師啊！我的很多朋友，大家都叫我唸阿彌陀佛說：「只有念阿彌陀佛才可以去登極樂世界。」我本來都是念「南無觀世音菩薩」。我自己想去極樂世界，也希望我的子孫大家都去，認識的朋友也去極樂世界，我就想不清，如果我沒有念「阿彌陀佛」，只唸觀音菩薩可不可以去極樂世界，我是讀日本書，我是不大會看書只會一點點的字，不曉得只念觀音菩薩對不對？所以想請問一下老師。

答：這個問題我也曾遇到過，以前我也唸「南無觀世音菩薩」，有一個法師說：「你若要往生西方極樂世界，你就一定要唸『阿彌陀佛』才對。」我說：「他們倆個好像是同一國的吧！」你看「西方三聖」，中間是阿彌陀佛，旁邊是大勢至菩薩跟觀世音菩薩，若依照經典記載，第一個來接引的就是觀世音菩薩，所以你唸觀世音菩薩也是一樣的。如果說你只唸「觀世音菩薩」，阿彌陀佛就不來接你去極樂世界，那麼未免太小看阿彌陀佛和觀世音菩薩了。（黃雪整理）

從生活的禪到禪的生活

各位大德，阿彌陀佛！我今天要講的題目叫〈從生活的禪到禪的生活〉，因爲生活與禪常常是被別人提到的兩個東西，我們常常沒有辦法找到生活裡什麼東西是禪。對於一個修行禪道的人怎麼樣來對應他的生活，這些都是非常重要的，所以簡單的講，「生活的禪」，就是在生活中體會禪的滋味；在生活中尋找禪，也可以說從外在的事物體驗內在的生活。可是「禪的生活」是不一樣的，簡單的講是禪者的生活，就是說一個人從悟和智慧開啓以後，他怎麼樣來表現在生活裡面，也就是說禪者和一般人的生活到底有什麼不同？

◎展現內在的風格

我們的生活雖然很平常，但如果仔細的生活一定可以找到很多的趣味，而這些趣味，有很多是很接近禪的，我們可以說它是一種禪味，可是爲什麼很多人沒有辦法得到禪味呢？主要是因爲他不太去注意生活的一些東西，像最近這一陣子我一直都住在鄉下，給我一個很深刻的感觸。

在鄉下夜晚天氣好，很多人都會跑到院子裡來乘涼、聊天，住在這院子裡面的人，坐在院子裡的時候，是沒有身份、沒有地位、沒有煩惱的，從年紀很大的老先生到年紀很小的小孩子，有學校的老師、有農夫、有工人，可是當他們聚在這個院子的時候，他們非常自在與悠閒，每個人都會講故事，或者討論一些生活的經驗、討論一些生活的智慧，而這些智慧通常都是很寶貴的。你可以看見每一個人的風格都不同，語言都不同，譬如有一位老先生年紀很大，大家都請他講故事，他的口頭禪是：「古早古早蕃薯芋仔吃到飽……。」他一講大家都覺很好笑，這是他的風格。每一個人在放下了生活的負擔，用一種自在悠閒的態度生活的時候，他內在的風格就展現出來了，這種內在風格或悠閒自在的態度，即使是最勞苦最貧窮的人也可以享受到。所以我在這鄉下的院子裡看到的人都是心性悠閒，即使是最平凡的人也可有很高級的想像力，還有很獨特的風格。

我們知道歷史上有很多禪師，每一位禪師都是很有風格的，絕對看不到一個平淡的人物，通常大家公認很好的禪師都有非凡的風格，這種風格可以說是在生活裡面所展現自在悠閒的態度而來的。所以當一個人處在自在悠閒的狀況之下，他的禪味就會從內部產生出來，很自然的生出來。

禪，這個字在印度的意思是「寂靜」，還有「攝念」「靜慮」……等等，就是一個人處在寂靜的狀態，念頭單純可以靜靜思索的時候，他就可以開始內在的禪，在這樣的情況下我覺得每一個人都可以在生活中有「禪」。可是很不幸！這些人晚上睡覺第二天醒來，他們又重新投入生活，每個人又忙碌起來，他的焦慮就從生活裡面展現出來；工人嫌自己薪水太少、媽媽打兒子、老人嫌媳婦不孝順，我們在白天看到的這一群人和晚上看到的事實上是同一群人，可是他們的展現是完全不同的，爲什麼？一個是從生活裡面超脫出來，另一個是淪入生活裡面。所以一個人如果可以保持自己的心境在自在悠閒之下，那麼就可以在生活裡面找到禪的滋味。所以一個要學習禪道的人最開始就是要學習，如何使自己的心境處在自在悠閒的狀態。

第二，我們在生活中常常體會到：每一個人都有超越的本能，超越生活的本能，可是通常我們也不太注意它，也就是當一個人受到挫折、打擊、失敗、苦難的時候，如果他沒有崩潰沒有死掉的話，那麼他會得到一種定、一種定力，這種定力是從潛能出來的，自然的會得到這種定力並自我醫療。所以人生的過程可以說是一個人的療傷和止痛的過程，受傷了慢慢的去療治，它得以超越。在生活中這樣的例子很多，我自己曾經有這樣的經驗，譬如說：從前我在中國時報當記者，剛剛開始跑新聞的時候，碰到一件社會新聞，有一個電影明星跳樓自殺，從大陸大樓的頂樓跳下來，這個先生本來有一百七十九公分，結果跳下來以後剩下一百六十八公分，人擠成了一團，他跳到一半的時候突然不想死，伸手去抓牆壁，結果十指都磨碎了，跳下來的震力很大，腳跟先著地，他的眼睛暴出來，像高爾夫球般中間還連一條帶子；腳骨上半截從大腿插出來，下半截從腳底穿出來……。

我接到消息說有一個電影明星自殺，我就趕快跑去採訪，跑去的時候現場很多人，都已經圍住了，我就說我是記者，趕快把人群撥開擠進去，好不容易爬進去，看到這樣的景象立刻嘔吐出來，吐的很慘，趕快又爬出來回來，接下來日子就很不好過，當時還沒吃素，看到什麼肉都想吐，有時就眞的吐出來，實在很悲慘，這樣的日子經過一個月，一個月後我想我大概克服了，可以吃肉了，可是有一天，晚上我趕稿，同事跑過來跟我說：「聽說有一家賣豬眼睛的在興隆路，很好吃，我們去吃豬眼睛！」我一聽到這三個字立刻就吐出來，就覺得很慘，怎麼會這樣子？因爲從來沒看過死得那麼慘的。

接下我跑了兩年的新聞，幾乎每天都看到這些慘烈的畫面，過了兩年以後，有一天我去採訪新聞，到現場也是一樣已經圍了很多人，我就說對不起對不起我是記者，仍然擠進去，一個人躺在地上，情狀也是很淒慘，全身都是血，身上都是刀孔，法醫正在驗屍，我就問：「一共被殺了幾刀？」他回答說：「三十七刀」。我拿起筆記本就寫：「三十七刀！」長幾公分，深幾公分一一寫下來，法醫把屍體的頭搬起來說：「這被鈍器打傷，頭骨碎掉了。」我就跟著把屍體的頭也翻起來看看。當時給我一個很大的警醒：我怎麼變成這麼冷酷的人！這麼無情的人！從前第一次看見死人，看到排骨雞腿就想吐，現在看到這個人想到的是排骨和雞腿，奇怪怎麼會變成這樣？自己就很慚愧很反省：爲什麼？事實上，我並不是一個無情的人，並沒有麻痺掉，但是爲什麼會這樣？是因爲我在記者生涯已經接受了很多考驗與苦難，很自然的超越了這個而得到一種定力，而這種定力並不是追求來的，而是自然的從內在發展出來的，也可以說是無形中得到的新的生命的觀點，這種觀點通常是在很大的失敗裡得來的。事實這不是無情，而是最痛苦的打擊你已經承受過了，在谷底你已經得到一種超越，得到一種定，而這種定和禪的定非常接近，禪的定也是不斷的訓練而得到的，這種定在生活裡面是非常可貴的。你遭遇到失敗、挫折、苦難、打擊而使你得到定，應該是從煩惱走入菩提的一個開關，但是很可惜的，一般人沒有辦法得到定，你沒有遭遇到打擊的時候你沒有辦法得到定，因此人生有一種悲慘的狀況就是：你要不斷的被打擊，不斷的失敗，不斷的在這之中學習得到定，這在生活中可以得到的。

禪所得到的定和前面所講是不一樣的，只是在本質上很接近，可是為什麼不一樣？因為禪的定是經過有系統的開發，從內在生起的眞實的定，在面對挫折、失敗和打擊的時候，都可以用同樣的觀點來面對，所以當一個人從禪裡面開發了定力以後，他在面對生活的時候就有了一個轉換，可以用很好的態度來面對生活，比較不怕打擊。

◎忘我的時刻突然來到

第三個我們在生活中得到的禪的經驗，就是忘我的經驗，忘我的時刻突然來到，這種忘我的時刻叫做「失念」，失去了你的念頭。

這種時刻和禪非常的接近，通常像你在聽音樂的時候你如果非常投入這音樂，你會突然有一忘我的時候，就是淪入了一個沒有念頭的空間，你聽不到別人呼喚你的聲音，不會被別人所干擾。

譬如我是個寫作的人，寫作的人常常寫到忘記自己在寫作，等一醒來發現時間已經過了十幾個小時，因為在那個時刻忘我了。談戀愛也可以忘我，我自己有這樣一個經驗，我以前和一個女朋友在台大談天，當我走到門口的時候，突然忘記自己叫什麼名字，爲什麼忘記自己的名字？因爲腦袋裡都是別人的名字，這些狀況通常發生在心念很單純、專一、清靜的狀態。還有一種狀態是不斷的重複一個動作而得到一種忘我的境界，譬如打麻將，打到忘記你在幹什麼，因爲一直重複一個動作。我自己曾經有這樣的經驗，多年前我打麻將的時候，摸麻將摸起來手停在半空中，突然呆住了，不知道自己在幹什麼，因爲一直不斷重複了二十四個小時以後，已經忘我了，淪入了另外一個空間裡面，這是一個非常可怕的狀態，通常人得到這種狀態不是透過自主的力量，而是受外在的力量所牽動，得到忘我境界的突然來到。這種忘我的到來和禪很接近，所以一個人處在專一、單純、自在的時候，比較容易開悟，在《楞嚴經》及禪宗的一本語錄《碧巖錄》裡面都曾經記載過有十六個古代的修行人，他們透過很多努力禪定，都無法得到般若開啓，沒辦法證得空性。有一天這十六位裡的一位就告訴其他十五人說：我們去洗個澡再來打坐吧！然後這十六個人就去洗澡，當他們一跳入水池，皮膚接觸到水的時候，十六個人同時開悟，因爲他們的心念非常的單純、非常的專一，當皮膚一觸及水，忘我的時刻突然來到而同時開悟。看到這樣的公案，我很感動，使我每天洗澡都非常注意水的溫度，所以忘我的經驗可以使我們得到開悟的經驗。

◎會心一笑與會心一悟

生活裡面還有一種狀況和「禪」很像，就是「會心」，會心的一笑，我們都知道禪的傳承最開始是釋迦牟尼佛拈花，迦葉尊者微笑，釋迦牟尼和迦葉尊者之間有一個東西在經典裡找不到，那就是「會心」，當一個拈花的時候，另外一個會心的一笑，講起來是非常深奧的。

在生活裡面也常常可以有這種會心一笑，尤其是父子、夫妻、朋友會有會心一笑，舉個例：我喜歡喝茶，家中有多種茶，這些茶從一斤五十元到一斤幾千元不等，那是用以招待不同的客人；如果一個客人不懂茶，不會品味，你泡一斤八千元的茶招待對他毫無意義。可是當朋友來時我不能向太太說：「這是五十元的朋友，去泡五十元的來！」這個時候就要在生活中培養會心一笑，在生活中就可以找到許多的會心。

在台灣話中有一句話叫做：「心肝恰一下」，形容那會心一笑的感覺，好像電燈開關被打亮一樣，譬如你聽別人說話，這人講話突然講到你心坎裡面，然後你得到會心的一笑，這種會心一笑是超越語言的，每個人聽到同樣的語言他們的感受都不同。又譬如你在讀書的時候，讀到很好的句子可以提昇生活經驗，或是和你的生活經驗非常吻合的時候，你的心肝恰一下而得到會心的微笑，這種會心的笑就是互相知心，所以我們在生活中常常有很多朋友互相知心，不需要任何語言，一個朋友走進來你要泡什麼茶給他喝或是泡咖啡給他喝，是加一匙糖還是兩匙糖？三匙糖？完全都不需要語言的，超越了語言和名相，在生活中可找到這樣的滋味，當一個人和另外一個人直接用心相對的時候，就是會心的一笑，也就是生活的會心，生活的智慧的心，可以在彼時使人得到開啓。

怎麼樣的人可以在生活中保有會心？在生活中保有柔軟心的人可保有會心，還有保有殘心的人可以保有會心的一笑，也就是殘存的心，當我們碰到一件事情，這件事情結束以後所留下來的心叫「殘心」。譬如當你談戀愛，而這個戀愛結束了，你用什麼心態來對這個愛情？用什麼心態來對待你的對象？當你的婚姻結束了，你用什麼樣的態度來對待你的太太或先生？當你遭遇失敗和挫折的時候，你用什麼心態對待失敗和挫折？這就是殘心，殘存的心。日本有一位茶道大師解釋殘心說：「把茶杯端起來喝茶的時候，要有和愛人會面那種歡愉的心情；當喝完一杯茶放下杯子的時候，有和愛人分離的那樣纏綿的心情。」如果你可以在喝完茶的時候，你所體會到的美麗的心情，和你在喝茶的時候沒有兩樣的時候，這表示你有很好的殘心。當你和情人分開的時候心中充滿祝福，希望他可以找到比你更好的人，這是很好的殘心。或者當你要離棄一個人時，你用什麼態度對待他？也就是你們不得不分開的時候，你用什麼態度對待他，這是一個非常重要的關鍵，這個關鍵就是殘心，你可不可以充滿祝福？充滿關懷？充滿包容？去面對這樣的事物，這就叫做殘心。所以當你保有殘心的時候，你面對生活中好的事情，你可以得到會心一笑，即使在充滿著艱難、危機、失敗之下你也有很好的殘心來面對，這個時候你會有「會心的一悟」，這種開啓就使煩惱轉入菩提。

另外一種可以在生活中找到禪的滋味是「幸福」，找到幸福的開關，禪宗常告訴我們這個世界是一個相對的世界而不是一個絕對的世界，所謂相對的世界就是你所處的世界，都可以找到一個東西來與之對待，譬如你看到屋頂就有地板，有男人就有女人，有大人就有小孩，有茶杯一定有茶壺，有桌子一定有椅子……。你可以找到許多相對的東西，可是這些相對的東西是造成這世界缺憾的原因，我們可能在街上看見一個帥男人身邊卻有個俗不可耐的女人，也可能看到一個美女卻交了個其貌不揚的男人，這是一個相對的世界，因此充滿著矛盾和痛苦。可是也因爲這是一個相對的世界，所以可以調整我們的心態來對應這個世界，這是生活在相對世界的一個好處，如果是在一個絕對裡面就沒有這樣的好處，譬如生活在地獄裡面從來都苦不堪言，不能感受到幸福。

由於這是一個相對的世界，所以，我們在人生中所得到的幸福並不在於我們所得到的是什麼，而在於我們心的態度，我們用什麼樣的態度來面對這樣的世界。同時有兩個人送你東西，一個是你不喜歡的人送五克拉的鑽戒，你不見得快樂；另一個你愛的人送你一朵五塊錢買的玫瑰花，你得到的快樂勝過五克拉的鑽石。所以幸福是可以調整的，人生是可以調整的，你要調整到相對的地方，相對的開關，當一個人很飢餓的時候，即使是吃一個饅頭都可以吃出饅頭裡麥的香味，可是如果肚子已經飽了，即使給你一桌酒席也吃不下，不覺得酒席有什麼好吃。其實，一個人吃東西從舌頭到喉嚨只有十公分的距離，吃滿漢全席和吃饅頭所得到的快樂只有十公分舌頭的快樂。超越了舌頭使你得到幸福的感覺是你的心靈，你的心靈幸福的時候，你吃一個饅頭所得到的感覺是不一樣的。

我有一個朋友在電視公司上班，我去找他說：「台北有一家地瓜稀飯很好吃，我請你去吃。」他說：「不行！我已經發毒誓這輩子不再吃地瓜稀飯。」我覺得很奇怪：「爲什麼有人發這樣的誓？」他告訴我他是從小在彰化長大的孩子，有十幾年的時間每天都吃地瓜稀飯，所以他從小就發誓長大以後不吃地瓜稀飯。不過我覺得在童年的時候吃地瓜稀飯，到成年事業有成，歷經了人生滄桑以後再來吃地瓜稀飯，那個滋味是完全不同的。只有能體會這兩種滋味不同的人，才可以調整自己的幸福，如果沒有辦法面對這樣的事實，而是用一種絕對的心、絕然的心來面對生活，就找不到幸福的開關，所以生命的幸福是相對的。

我有一個朋友，這朋友也是學禪的，他已經學了三十幾年的禪了，他是詩人周夢蝶，他吃一頓飯要兩三個小時，一口一口慢慢吃，一副老僧入定的樣子，有一天我忍不住問他說：「周公啊！爲什麼你吃飯吃得這麼慢！」他說：「如果不這樣吃，我怎麼知道這一粒米和下一粒米的滋味有什麼不同？」我一聽，差一點昏倒在地上。你看一粒米和另一粒米滋味不同都可以讓人感受到幸福，所以在生活裡面時時刻刻我們都可以感受到幸福，在我們得到幸福的那一剎那，就是開關打開的那一剎那。通常打開幸福開關的那一個時刻是在什麼樣的時刻？就是在充滿開朗、滿足、充滿直觀的時候，得到這種幸福的開關，問題是，大部分的人沒有辦法永遠保持這樣的幸福！因爲沒有辦法時時調整到這樣的開關。

譬如你很喜歡聽中廣，你知道中廣的頻率是多少，所以每次你一打開收音機就很自然的調過去，很快就調到，但對於沒有聽過中廣的人，他要調頻率就要花較多時間來調整。當一個人調整到那樣的頻率，而接收到幸福的訊息，或者說抽象一點，接收到精神的訊息、形而上的訊息、法性的訊息的時候，他可以找到人生幸福的開關，也就是說他可以找到他的自性而不被外境所迷轉，當我們找到這樣的時刻就進入了禪的世界。對於一個學佛的人來說，打開收音機的時候就可以隨時找到對的頻率，這是非常困難的，需要經過修煉，在逆境裡面是不是可以找到幸福的開關？你在失敗的時候是不是可以找到幸福的開關？這是修行人非常重要的。

◎自性與心靈的喜悅

在生活中怎樣感受禪的生活？就是一個人感受到內在生活的時候，就進入了禪的世界。感受禪在生活裡，如用禪的語言來講就是「反觀自性」，這種反觀自性可以讓我們得到性靈的喜悅；自性與心靈的喜悅，這種性靈的喜悅使我們懂得欣賞、讚美、發出衷心的讚歎！譬如一個對音樂有研究的人和一個對音樂外行的人，他們所得到的喜悅是不同的，一個所得到的喜悅是從內在開發出來，一個則是從外在進入的，所以是不同的。

那一個從內在所得到的快樂使我們感覺到超越了物質、超越了生活而得到了內在轉換的世界，這個時刻就是進入了內在的生活，當我們進入這樣的生活就得到了生活裡面的禪趣、或禪味。這種內在生活的體會跟環境跟條件的關係並不太大，和物質的關係也不太大，因爲它是超越了物質條件而得到內在世界，所以對於一個不懂玉的人，他買了很多玉回到家裡每天在手中把玩，他可以在玉裡面得到快樂，可是對一個眞正懂玉的人不一定要買到玉，他跑到故宮博物院看到它們，他已經可以感受到快樂，因爲他已經超越了物質，也就是超越了外在的條件進入了內在的世界。

如果一個人沒有辦法進入內在世界，不懂得進入內在世界，不懂得欣賞內在世界，那這個人到後來就會陷入一種可悲的境界。有一天我到一個有錢人家裡做客，他是受過高等教育的人，我看到他客廳牆上掛著一幅畫上面寫了一首不完整的詩：「松下問童子，言師採藥去，只在此山中。」我覺得很奇怪：「怎麼沒有第四句？怎麼沒有『雲深不知處』？」我就跟他說：「你這畫上怎麼只有三句？」他聽了比我更吃驚說：「難道有四句嗎？」我說：「有啊！還有一句，唐詩如果不是四句就是八句、十六句、三十二句，沒有三句的。」他聽了覺得很奇怪很吃驚，怎麼買來的只有三句？我就看這畫，畫這畫的人我認識，等我從這位有錢人家裡出來我就打電話給畫這幅畫的朋友，我問他：「爲何賣人家三句詩的畫？」他說：「開展覽的時候對方來看，我這畫標價兩萬元，但他殺價一萬伍，因爲需要這筆錢只好賣他，但是心裡很不甘心，所以裱畫的時候就把最後一句切掉賣給他。」買了一幅三句詩的畫完全不知道，因爲不懂！沒有辦法從這幅畫得到眞正內在的喜悅。

我們在社會上常常會碰到被外在的物質條件所限制，而沒有辦法去尋找到內在生活的人。例如有一天一群朋友在福華飯店喝咖啡，我們在談畫，談到徐悲鴻的畫，有一位不太熟的朋友聽到「徐悲鴻」立刻把咖啡杯放下來，大家都吃了一驚，他說：「徐悲鴻我認識！」大家都把咖啡杯放下，這人才三十幾歲，徐悲鴻他怎麼認識？他說：「前幾天才和徐悲鴻吃了一頓飯！」哇啊！大家都肅然起敬，不敢講話，我開玩笑說：「你和徐悲鴻一定是在永福樓吃飯，不是在麥當勞吃漢堡，因爲徐悲鴻是不吃漢堡的！」大家都笑得人仰馬翻。所以當你不懂一個東西的時候你就沒有辦法進入這樣的內在世界。

社會上現在很多人喜歡穿名牌，有一位朋友他告訴我他全身都是名牌，連襪子內褲都是名牌，我不相信、他就當場在廁所脫給我看，我就很感歎！我說：「你全身上下都是名牌，就是這個腦袋不是名牌，有什麼用？」所以怎麼樣從外在的生活進入內在的生活？這是個關鍵！這個關鍵就是你可以不隨從感官和慾望流轉，而轉入超越感官的覺受，它是一種直觀的精神，是一種反觀自性。這個時候如果我們可以看到自己的內在世界，就可以感受到禪的趣味，當然體會到禪的趣味並不表示可以過修行的生活，如果要進入禪的世界一定要從超越世界、超越感官來著手，也就是要時時把自己提昇到一個好的觀點來看生活，提高到一個高的觀點來看生活，也就是回觀自己的生活。什麼是一個比較好的觀點或比較高的觀點？菩薩的觀點，禪師的觀點，佛的觀點。從菩薩的觀點來看待生活的時候，就可以時時把內在生活提昇到一個較高的觀點，這時候就比較容易進入內在的世界。我舉一個例子：有一次我從台北搭飛機要到高雄，飛機昇空以後我自然的從窗口往外望去，看到一座山，這座山很漂亮，開滿黃色的、綠色的、紅色的、紫色的花朵，我看了嚇一跳！我在台北住十九年了，從來沒看過台北有這麼一座漂亮的山，當時以爲我從極樂世界昇空，旁邊坐著一位時髦漂亮的小姐，我害羞的請她幫個忙，看看那座是什麼山？結果她用白眼看我說：「神經！那是內湖的垃圾山！」我聽了更嚇一跳！垃圾山從空中看下去是非常美麗的，開了各色的花朵，爲什麼會如此美麗？因爲有一個比較廣大的空間來看垃圾山，有一個比較高的高點來看垃圾山，這些垃圾對我們來講是很小的，所以它就美麗了，有一段距離所以它就美麗了。我們在生命裡也常常碰到生活的垃圾、生命的垃圾，如果有辦法把眼界昇高，提昇到一個較高的觀點來看生命的垃圾山，就可以看到生命的垃圾其實只是人生的一小部分，就可從外在的世界轉入內在的生活。

◎自我覺醒的時刻

我們可以得到禪的滋味是自我覺醒的時刻，我們在人生中常常會遭遇到，譬如有天你覺得特別清淨、特別完美、特別幸福，這是覺醒的時刻，或者說覺得自己今天特別慚愧、特別懺悔，這也是自我覺醒的時刻，這可以使我們進入禪。

我們知道禪的祖師達摩從印度來到中國，來的時候他說他要來「尋找一個不受人惑的人」，不受人惑當然也就不會受物迷惑，也就不會被境所迷惑，所謂不受人惑的人，也就是時時保持覺醒狀態的人。我們一般人沒有辦法時時保持在覺醒的狀態，可是我們的生活中某些時刻可以感覺自己是清醒的，覺醒的，這個時候有一些力量可以提昇我們，進入禪的世界。

我記得我在年紀小的時候，有一次特別感受到自我覺醒的時刻，那時候我們在鄉下生活非常貧窮，譬如吃一個蛋，把蛋煮熟了把蛋剝撥開以後，要用線來切，不是用刀子切；因爲用刀子切不公正，要用線切才公平，把蛋切成六片，小孩排排坐把蛋吃下去，但覺得永遠不過癮，所以很想那一天可以大大的吃幾顆蛋，一定很好。有一天我跟媽媽到雜貨店去買東西的時候，就看到一箱一箱的蛋，那時我穿著學生制服，我就拿了三個蛋放在後面口袋塞進去，那天我媽媽買東西買很久，使我很緊張。那個老闆說：「坐啊！坐啊！」我都不敢坐，站在那裡，老闆轉這邊我就面對他，我媽媽也是，她轉到那裡我就轉著面對她，很緊張，因爲褲子後面有三個蛋，一看就會被看穿，我一直在那裡轉來轉去，很不幸，不小心就碰到雜貨店的柱子，蛋「啪」一聲同時破掉，破掉的蛋黃蛋白全從褲管流出來，情況非常悲慘，我媽看我很不自在，就問我：「你要小便爲何不到裡面去尿？怎麼跑到這裡來尿？」當時我眞是無地自容，就趕快跑回家，那一天晚上痛哭了一場，發誓：從今天開始絕對不再偷任何東西！發完誓痛哭一場，那時候覺得自己非常清淨，懺悔後感覺自己非常清淨，好像大地下過一場雨一樣，這時自我在懺悔的時候得到了覺醒，雖然這種覺醒不一定是修行，也不一定是禪，但是可以使我們體會清淨是什麼？覺醒是什麼？一個人提昇自己是什麼？所以在生活裡面常常保有這種自我覺醒的時刻，有助於一個人進入禪，所以每天回到家裡，是不是可以保持一個自我覺醒的態度來面對自己的生活，是非常重要的。

我想我們這個社會上最大的問題是，因爲這是一個比較複雜的社會，比較重視物質重視資訊，或者煩惱比較多的社會，常常很少有時間讓我們靜下來做自我覺醒的工作，所以最好每天花十或十五分鐘讓自己平靜下來，好好的反省自己、好好的回到自己的內在，看看自己是不是有新的覺醒，這種新的覺醒就是一個新的悟。這個世界是一個被物質被資訊所轉動的世界，有很多人並不知道自己被這樣的情況所轉動，我舉個例：有一天我在街上碰到一個朋友，多年不見的朋友，一碰面我們就熱絡的招呼，我問他最近做些什麼？他說他在養蘭花，我聽了嚇一跳，因爲這人從前連玫瑰和菊花都分不清楚，對花完全沒有興趣，而他在養蘭花？我問他：「爲何想到要養蘭花？」他說蘭花是一個很好賺錢的行業，他說現在最貴的一盆蘭花可以賣兩千五百萬元，我聽了嚇一跳，我說怎麼會這麼貴？他說他有那盆蘭花的照片並取給我看，我看完並不覺得怎麼樣，好像和我沒有什麼特別關係。還說那棵蘭花去年長了一棵芽，這棵芽賣了一千兩百萬元，今年它又長芽了，大家都要去買這棵芽，有人開價兩千萬元，還沒有賣出去，如果能買到這棵芽就賺錢了。我就覺得很奇怪，我自己也養植物，蘭花並不是古董；也不是藝術品，爲什麼可以賣這麼高的價錢，蘭花一年可以長好多株芽啊？他說：「怪不得你這人都不會發財，長很多棵芽但是一年只賣一棵芽，你就可以控制它的生產量，價錢就可以提很高，所以就有很多人花很多的金錢去買蘭花。」這就是被物質所轉動，被複雜的社會資訊所轉動，沒有辦法看清實相，沒有辦法自我覺醒。

紅龍，也是一個很有趣的例子，現在紅龍最貴一隻數十萬，一、二年前最貴一隻只有一、二萬，爲什麼漲的這麼快？因爲有兩個傳說：一個，養紅龍的可以發財。第二，如果養紅龍死掉它就是代替主人死的。這是多麼愚癡的迷信，可是這樣的迷信卻變成一種時髦、一種資訊，很可怕，所以在台北開了家咖啡廳，中間用紅布遮起來，後面養了一缸紅龍，你要看紅龍要一佰元，翻開布給你看，還是有很多人去看。

有一天我經過通化街一間魚店，外面一張招牌寫：「健康活潑新鮮蟑螂一隻五塊」。看了吃驚極了，簡直是生活在不同的世界裡面，我就跑進去問爲什麼？只差沒有寫「美味可口營養豐富」，老闆說因爲紅龍喜歡吃蟑螂，所以很多人花錢買蟑螂餵紅龍，蟑螂的價錢就節節昇高，尤其在冬天，蟑螂不易捉到的時候。現在他們又找到新的代替品是蚯蚓：黑蚯蚓，如果你要發財這是一個很好的機會，人爲什麼變的這樣的瘋狂？這就是受了人惑，受了人惑就會失去了自己的價值判斷。禪最重要的是要培養一個人好的價值判斷，在人生裡面、在生活裡面、在環境裡面、在面對挫折的時候有一個好的價值判斷，如果一個人失去了它是很可悲的，所以我有一位朋友的座右銘是：「現代人的價值和百貨公司化粧品的價值是一樣的，你敢把你的價錢定多高，你的價值就有多高。」我覺得這眞是很好的至理名言，所以修行的人一開始就要給自己定價，給自己一個好的價值判斷，你給自己的價值有多高，你的價值就有多高，不要隨著世界的價值去流轉，不要所有的人給自己定三千塊你也給自己定三千塊，也不要所有的人給自己定五千塊你也給自己定五千塊，而是要保持好的覺醒，有一個好的價值判斷，這也是可以讓我們在生活得到禪，使我們不會隨著壞的東西去流轉，而可以保持清醒，提昇自己進入一個好的世界。

◎對禪者的錯誤知見

現在我們來進入禪的生活，只有當我們知道生活的禪意、禪味或禪趣的時候，我們才可能領會到禪的生活，進一步過禪者的生活。

首先我們要知道禪者、修行人他們的感官和一般人是沒有什麼不同，他也會看、也會聽、也會吃，有色、聲、香、味、觸、法的感受，他冷的時候也要穿衣服，工作也會流汗，生活的事務也要自己處理，禪師也要工作「一日不作，一日不食」。其次他所面對的世界、環境、時代，也是和一般人相同，有生老病死，會遇到變故，他的時空和我們一樣是有束縛和限制的，因而從前一般人所認爲的禪者常常有三個錯誤的觀念：

㈠他每天只是打坐都不做事的：其實不是這樣，在百丈禪師的《叢林清規》裡就規定修行的禪師要「一日不作，一日不食」，他每天都必須要工作才有資格吃飯。

㈡打坐或修禪可以使人活得老，可以使人事事順利，可以使人長生。在理論上是這樣子，可是打開禪師傳記，有很多禪師年輕時就死了，有很多禪師遭遇非常悲慘，所以很多禪師在修行禪並且得到證悟的時候，並沒有使他完全處在順境裡，他也有逆境，並且遭遇生活的挫折和折磨。

㈢認爲修行人沒有感官的覺受：禪師好像超越了一切感官的覺受，事實上修行人也是有感官覺受的。這三個錯誤的觀念打破以後，我們可以知道禪者所表現的形象、言行、舉止事實上和我們並沒有很大的不同。

打破了這三種態度後，我們就可以用比較客觀的態度來進入禪師的世界，我舉一個禪師來做例子，這樣使我們有一個很好的條理以認識禪，並且可以對照前面所提到禪的東西，這位是很有名的趙州從諗禪師，爲什麼舉趙州從諗禪師作例子有四個理由：

㈠他是唐朝最後的一位偉大的禪師，很多研究禪的人認爲禪學的黃金時代、有創造力的時代到趙州的時候就結束了，趙州之後公案開始流行，禪學也就開始沒落了。

㈡有許多禪的公案是從他開始的，趙州創立了很多很多的公案，在他之後才有各式各樣的公案，所以了解他的公案，可以簡單的使我們進入禪的公案世界，而不至於落入公案的迷團。

㈢趙州是一位自由逍遙的禪師，在他生前有兩個特色：他不喜歡被當成偶像，曾經有一個出家人非常崇拜趙州，畫了一幅趙州的相給趙州看，趙州說：「如果這幅畫畫得不像，你就燒了它，如果畫的很像，你就殺了我。」結果出家人只好把畫燒了，可見他是反對偶像崇拜的。其次他是歷史上偉大禪師中唯一沒有宗派的，他自己沒有創立宗派，而所有禪宗宗派都公認他是禪的大師，是一位無爭議的禪師，這是非常少見的一個例子。

㈣趙州活到一百二十歲，他從幼年就出家了，一直到一百二十歲，風格都沒有改變，七、八歲就是這樣子，使他從童年到晚年思想行爲都是一致的，行爲單純天眞，充滿了赤子之心，他的禪和生活幾乎完全合一，所以以他的例子我們可以進入生活的實例。

◎生活就是禪道的實踐

第一個趙州教導我們的是：要好好的體會生活，生活裡面就是禪道的實踐。有兩個有名的公案：

㈠他問一個新來的禪師說：「你到過這裡嗎？」那人說：「曾經到過。」趙州說：「喫茶去」。

接下來又有一和尚，他又問：「你到過這裡嗎？」和尚說：「沒到過。」趙州就說：「喫茶去！」

寺院的方丈問：「爲什麼到過的你叫他喫茶去，沒到過的你也叫他喫茶去，到底是什麼原因？」趙州就對他講說：「喫茶去！」

㈡有一個人來問趙州說：「學人迷昧，祈師指示。」趙州就說：「你吃過稀飯沒有？（吃粥也未）」這人說：「吃粥也。」趙州就說：「去洗盤子」。經典上告訴我們這個人突然開悟。

這兩個公案趙州給我們一個很重要的啓發就是：禪的根本就是生活的實踐，禪就在喝茶洗碗等等簡單的動作上，不要特別跑到山上，沒有人到的地方去找禪，禪是在生活裡面，在生活中好好的用心、好好的做一切事，都是很好的開悟的時機。

我們看趙州的開悟。他的老師是有名的南泉普願，他跑去問老師：「什麼是道？」老師說：「平常心是道。」他又問：「平常心還有方向嗎？」南泉禪師說：「有了方向就錯了。」趙州問：「如果沒有方向，我怎麼知道是道呢？」南泉說：「道不屬於知或不知的範圍。因爲知是虛妄的一種覺受，不知是無記，如果眞的能達到超越知和不知這就是道，超越了意識的狀態就是道。」趙州聽到這句話就開悟了。所以道在平常心，平常心在心地而不在外面的世界。

早趙州一百年的南嶽懷讓禪師，有一天看到一個弟子馬祖道一，他覺得這弟子是法器，馬祖道一每天都在打坐，南嶽懷讓就問馬祖：「每天都在打坐幹麼？」馬祖道一說：「爲了要成佛！」懷讓就坐在他對面拿了一塊磚在地上磨，馬祖問：「師父磨磚做什麼？」他說：「要磨做一個鏡子！」馬祖說：「磨磚怎可做鏡呢？」師父告訴他：「那麼你打坐豈能成佛？」道一於是就開悟了，所以道不在坐，道在生活的每一個細節，當一個人執著於打坐，這不是通達於眞實的方法，而是要如何用心開啓般若通達無相三昧，所以生活才是禪的道場，但生活必須要靠自己去實踐。

◎禪道是自我實現

趙州給我們的第二個啓示是關於自我的實踐，有一名和尚請求他，可不可以告訴他禪學的大意，結果趙州就站起來往廁所的方向走，說：「我現在要去尿尿，連尿尿都要自己去呀！」這意思是說禪學的大意並不在於一個特別的地方，而在自己的開啓。另外一意是說不要排斥任何的事物，要有包容的心，因爲在生活中看起來很粗糙很乏味很卑賤的事物，很可能正是開悟的契機。

有一天趙州和他的弟子文遠禪師在一起，趙州面前只有一塊餅，他很想吃這餅，他跟弟子說：「我們兩個來比賽，看誰能把自己比的最低賤，輸的人就吃這塊餅。」趙州先說：「我是一隻驢。」文遠說：「我是驢子的屁股。」趙州說：「我是驢子的糞便。」

文遠說：「我是糞便裡的蟲。」趙州問他說：「你在糞便裡做啥？」文遠說：「我在糞便裡過暑假。」然後趙州說：「好！算你贏了。」把餅拿起來吃掉。這個故事給我們啓示：對一個禪者是沒有輸贏、沒有分別、沒有大小的，因爲禪師的生活進入一個絕對的世界。

溈山靈佑禪師曾經對他的弟子說他死了以後，要到山下做一頭水牛，他弟子說他很想和師父一起去，禪師就說：「你來的時候別忘了多咬一些草來。」像這樣的公案很有意思，很令人感動。趙州還有一個故事，晚年的時候有一位老太婆問他說：「在這個世界上有多人都要去投生淨土，師父死後要去哪裡？」趙州說：「我死了以後，我希望別人都去投生淨土，我要留在這個苦難的世界，享受這個世界的苦難。」他還曾說往生淨土好像香爐點了香，香煙一直飄到淨土去，可是他希望當點香的銅爐，接受燃燒，把香都點到淨土去。禪師並不選擇他所在的地方，因爲他沒有選擇，所以大道無難。沒有選擇所以可以超越選擇。

◎禪超越語言名相

第三個趙州給我們的啓示：禪的直觀是最重要的，應該超越語言形相。有一個公案是有一個人問趙州說：「如何是祖師西來意？」趙州說：「亭前柏樹子。」還有一個公案問說：「萬法歸一，一歸何處？」趙州說：「老僧做了一件布衫重七斤。」第三個公案是有一老太婆拿錢找人來請趙州轉藏經，這人把錢拿來後，趙州就把錢收在口袋裡，從禪床下來在地上轉了一圈，又坐上去，就對那人說：「你回去告訴老太婆，藏經我已經轉完了。」

這三個公案可以讓我們進入公案的世界，第一個公案，如何是祖師西來意？很可能當時趙州看見亭前柏樹子，這代表什麼？意思是叫我們不要思惟什麼是祖師西來意，而是要保持生活裡面直觀的精神。第二，萬法歸一，一歸何處？他正想到他做了一件衣服重七斤，就隨口講出來，這種自然生活就是萬法歸一，一歸何處。對於一個修行的人，他自己就是藏經，他代表的就是法，所以他在床前轉了一圈說：「藏經我已經轉完了。」

這是多麼偉大的教化，所以他給我們一個啓示：悟道的人看到什麼都是祖師西來意，想到什麼都是萬法歸一；沒有悟道的人看到什麼都扭曲了，這樣的人在禪宗裡叫做「擔板漢」，挑著祖先的擔子，挑著許多經典，可是這些經典都是言句，就好像銀行裡數鈔票的人，他每天數很多鈔票，可是沒有一張是他的，所以要保持生活裡面直觀的精神。

第四個趙州給我們的教化是：不被感官迷惑。曾有人問趙州什麼是密密意，密密意就是法性不可言說的第一義，問這話的是一名尼姑，趙州沒有講話就伸出手來在尼姑身上抓了一把，這尼姑嚇了一跳，跳起來說：「哇啊！沒想到師父還有這個在！」趙州微笑著說：「是妳還有這個在，不是我。」當一人在問密密意的時候如果還有感官的執著就不需要問，因爲如果還有感官的執著是不可能找到密密意的，如果超越了感官的執著，打破了感官的執著就有了密密意，而密密意就在任何地方，隨便抓一把、有人端一杯茶給你，到處都有密密意。一般人都在感官裡生活，如果我們想在禪裡面生活，想要了解禪就要轉化感官，看到內在的自我，聽到內在的聲音，聞聞自己的芳香，感受自我的世界，尋找生活的會心，這時候我們可以進入禪的生活。

有一天趙州問一名弟子一天看多少經？弟子很得意回答一天看七卷八卷或十卷不等，趙州說：「你不會看經！」弟子問：「師父一天看多少經？」趙州：「我一天只看一個字。」還有一次他說：「我這裡一個字也沒有，我這裡一字也無，你看看這個『無』吧。」這個教化就是告訴我們如果透過意識、透過思惟、透過感官所得到的東西雖然很多，可是它所得到的不如超越感官所得到的很少的東西，所以在《楞嚴經》裡面有一個很偉大的教化；摩登伽女和阿難，摩登伽女是淫女，也就是妓女，有一天她勾引阿難，差一點破壞了阿難的戒體，釋迦牟尼佛就派文殊師利菩薩把他們兩個帶到他講經的地方，從這裡開始講《楞嚴經》，《楞嚴經》的因緣就是從此而來的，講一個人怎麼樣對治情欲，才可以超越情欲，得到開悟，結果這《楞嚴經》講到一半時，摩登伽女證得阿羅漢果位，這時候阿難還傻楞楞的，阿難是佛陀弟子裡面多聞第一，佛陀所講過的話他聽過一遍全部記在腦子裡面，居然還不如摩登伽女了悟空義、打破了情欲的執著，所以我們應該保持直觀的精神來看待這個世界，而不要認為讀了幾部佛經知道佛的言句，就比別人了不起。

◎順應人情，保持般若

第五個趙州給我們的教化是：順應人情，保持般若。這就是我們常講的隨境轉而自性不轉，自性不動隨著因緣轉動，趙州另有一個故事：有一天有一位王公，也就是皇帝的兄弟，來看他，當時趙州坐在禪床上，王公就對趙州禮拜，趙州對王公說：「老僧自幼持齋，所以營養不太好，見到人沒有力氣下床。」王公就說：「沒關係，師父不必下床。」更加尊敬趙州。第二天王公有事交代手下將軍來看趙州，趙州看到將軍來了就下床來接待將軍，趙州的弟子看得奇怪，就問：「師父見到大王來不下床，見到這小小將軍來卻下床是什麼道理？」趙州說：「第一等人來我在禪床上接待他，中等人來我下禪床來接待他，末等人來我在山門外接待他們。」這是多麼偉大的教化，當你對待一個卑微的人，大家都不重視的人，如果有這樣的態度對待他，那是一個多偉大的精神，這種精神就是平等的精神，所謂平等的精神，並不是對待王公也是一樣的態度，對待乞丐也是一樣的態度，而是調整態度使對方可以感受到你的平等，使對方感受到自己的尊貴，所以普賢十大願裡有一條是：「隨順衆生」。這並不是說對於一個學禪的人要排斥人情，學禪的人要圓滿的對待這個世界，所以禪者不要擺架子，要認識人人都是可尊敬的。

幾天前在台北東區路過一條巷子，有一隻小狗突然跑出來對我大叫，當時我簡直呆住了，我修行了這麼久居然有一隻狗對我叫，多麼失敗！因爲在《法華經》裡面告訴我們：有一位菩薩叫「一切衆生喜見菩薩」，一切衆生都歡喜見到這位菩薩，這衆生包括學佛的、不學佛的、拜媽祖的、拜十八王公的、祈禱上帝的、包括小狗、螞蟻、蟑螂、蚊子……都喜歡見到他，那麼我們的修行有什麼可自傲的，可以擺架子的，哪一天走到街上被一隻狗叫就會很慚愧，坐計程車被司機兇，就會覺得很慚愧……到處都覺得很慚愧，衆生不喜歡看到你，這樣修行是欠圓滿的，修行圓滿的人應該是人人都喜歡看到他，因爲他不排斥「人情」。我們在禪宗的經典裡看到有些禪師道高龍虎伏，德重鬼神欽，因爲他們無限慈悲、無限智慧所以大家都喜歡看到他們，除此之外他們保有人的溫暖保有人情。

因此我們看到趙州的公案後，我們體會到五個重要的東西：第一，要保持單純的生活，生活裡面到處都有禪道。第二要發勇猛心透過自我的實踐，連尿尿都要自己去，何況是修行。第三，隨時隨地保有直觀的精神。第四，不被感官迷惑不被事物迷惑。第五，過平凡的生活，不要排斥人情，但要在人情中保持覺性。如果我們認識這五個偉大的教化，就可以進入禪者的生活，認識禪者的生活就可以在讀公案的時候，像看自己掌紋一樣，清楚而明白。

◎不要忽視生活小小的悟

有人問我：禪師常講空講頓悟，禪師到底是大乘？還是小乘？是菩薩？還是阿羅漢？我們知道如果是小乘的話，他在修證的過程中他不會去教化別人，當他證得了，他可不會把他證得的東西告訴別人，可是禪師不同！我們看到歷史上偉大的禪師都是偉大的師父，都是尊貴的教化者，他們都有很多弟子，這些弟子都在他們身邊得到開啓，而他們都禪門大開，讓很多人進到他的禪門問道，教化他們，利用種種方法使人們開悟，使人們進入禪的世界、空的世界，因此對於一位開悟的禪師，他抱著教化的精神，所以是大乘，當然禪師也是菩薩。

反過來講雖然禪好像是不易企及的東西，對於一個從來沒有體驗其自性芳香的人，對於一個從來沒有開啓經驗的人，禪是一個遙遠的東西，可是反過來講，如果能在生活中時時保持禪的趣味、禪的生活，那麼要眞正進入禪的世界其界限是非常小的，因爲「禪的生活」和「生活的禪」本質是一致的，所以有不同是前者用波動的心來對待這個世界，在這波動裡面有時可讓我們找到好的開關，對後者對禪師來講他是用不動的心來面對這世界，所以他不必找開關，因爲開關就在他手裡。

雖然在禪宗裡面非常迷人令人感動的是「頓悟」，可是頓悟談何容易，對於一個生活在這個世界裡的人是很艱難的，如果我們沒有辦法在生活裡面頓悟，我們就慢慢的悟，漸漸的開啓也是可以得到悟的，在經典裡面我們可以看到一些禪師他們在開悟的經驗裡面大悟數十回，小悟數百回，看了令人感歎，因爲他們在生活中每一個開啓，每一個智慧的開發都是一個悟，而這悟的累積有一天就可使人得到大的開悟，這種大的開悟的累積有一天就可使人得到徹底的開悟，所以不要忽略生活裡面小小的悟，要累積這樣的悟，保持一個覺醒的態度等待一個更大的開悟，不斷的開悟，不斷的增長智慧，不斷的開啓，相信有一天眞正的打落桶底，眞正的見到父母未生前的本來面目，並不是那麼遙遠的。

（賴婉琦整理）

走在台北的禪心與禪智

各位朋友，今天的題目很特別，〈走在台北的禪心與禪智〉；我在台北常常迷路的，剛剛來永琦百貨就迷路了，要找演講廳也找不到，在這樣容易迷路的城市裏面，我們應該用什麼樣的態度來生活，用什麼樣的態度來找到自己的本心，這是做爲一個台北人、一個城市人很重要的課題。

首先我們要先認識，什麼叫做禪心跟禪智？這個智慧的「智」，在佛教裡面跟一般的知識是不同的，所謂的智，就是「觀照的能力」，所謂的慧，就是「選擇跟判斷的能力」。「禪智」的意思就是用禪的態度來觀照、選擇、判斷自己的道路。「禪心」呢？指的是我們本來的自性，從內在裡面顯露出來的自性。這個自性的顯露有兩種方式：第一種方式是「頓悟」，就是在一個偶然的機會裡面，突然的開啓顯露，另外一種情況就是透過觀察、選擇跟判斷逐漸走向開啓的道路，來使禪的心性從內在裏面開發出來。

◎從「器世間」到「正覺世間」

如果依照《華嚴經》的說法，《華嚴經》把般若分成三個層次，第一個層次是「文字般若」，第二個層次叫做「觀照般若」，第三個層次叫做「實相般若」。所謂文字般若就包括語言、文字或者外象所可以形容的智慧。進入第二個層次就是透過觀照直接的來映現這個智慧，叫做觀照的般若。第三個就是實相的般若，實相的般若就是看到萬物或自己甚至整個宇宙本來的眞實的意義。從這三個層次來看，所謂的禪智應該包括前面的文字般若跟觀照般若，實相的般若就包括了禪心跟禪智。

《華嚴經》另外一種說法，就是把我們所居住的世界分成三個類型，第一個類型叫做「器世間」，就是物質的世間。第二個類型是「有情世間」，凡是有情感有情緒的叫做有情的世間，就像我們現在坐在這裏，你坐的椅子是器世間，坐在那裡的你是有情世間。

第三個層次叫做「正覺世間」，正覺世間就是有一個很清明的覺性來應對這整個世界。這三個層次也是跟剛剛講的層次是一樣的，簡單歸納一下，所謂的「禪智」就是在生活裡面有觀照力、決斷力跟選擇能力。所謂的禪心呢？就是透過這種觀照力、決斷力來轉化我們內在的煩惱，使自性顯露出來。

一個人怎麼樣進入禪智跟禪心的世界，首先要學會怎麼樣來觀照這個世間，對於一個想要進入智慧的人，想要明見自性的人，最先最重要的特質，就是要觀照到這個世界是一個無常的世界，也是一個緣起的世界，所謂無常就是從兩個角度來看。第一就是人的生命隨時可能離開這個世間，第二是凡是存在這個宇宙之間的一切事物，都沒有一秒鐘停止變化，這是無常。所謂「緣起」，就是所有這些眼睛看到、耳朵聽見的一切事物都是因緣而生起，一個人如果沒有辦法看到無常、看到因緣而起滅的宇宙的特質，他就沒有辦法進入觀照的智慧。

我記得前一陣子，有一件事情給我很深的感觸，我跟我的小孩子到淡水的八里去找一個朋友，這個朋友住在八里的半山腰，他本來也住在台北，但是受不了台北的這種環境，所以搬到八里去。我幾年前去看過他，現在又去看他，就發現他住的地方已經改變非常大。整個八里觀音山的山腰上全部都是墳墓，面對著淡水的河口，這些墳墓都是有錢人的墳墓，怎麼樣知道是有錢人的墳墓呢？因爲墓地都很大，有的十幾坪、有的二十坪，墓碑都是進口貨，都是大理石、花崗岩等很好的石頭，據我的朋友告訴我說，埋在裏面大部分都是銅棺，就是黃銅做的棺，他曾經看到人怎麼樣把銅做的棺抬到山腰埋下去，因爲銅棺很重啊，所以請了三、四十個人抬著銅棺，非常的艱苦。我們可以想像，這個銅棺是永遠不會壞的，可是裡面的人是會壞的，不管用多麼好的棺木埋在多麼豪華的墳墓裡面都會敗壞。這個時候給我一個很深的感觸，我就坐在一個很漂亮的花崗岩墓碑上，看著美麗的淡水河口，感受很深：埋在這裡的人，一定賺了很多的錢，直到他臨死的時候才想到，「唉呀！我一輩子都沒有好好的看過一天風景，應該找一個風景好的地方埋起來。」所以他就找到觀音山，風水很好，然後找一塊很大的地，把自己埋在裡面，每天在那裡看風景，很不幸的，我們可以確定他沒有辦法看風景，因爲他已經死了，他已經無常了。

◎無常世間，無常人生

這給我一個很深的感觸，我們在台灣鄉下有一句話，是每一個老年人都會講的，說「在生一粒豆，勝過死後拜豬頭」，意思是說，活在這個世界上的人要孝順自己的父母，因爲在生前給父母親吃一粒豆子，比父母死了以後給他供養一頭豬，還要來得有意義。可是，如果回到我們身上來看也是一樣的，我們生前好好的吃一粒豆子，比死了以後埋在風景很好的地方，兒孫每天給我們殺一頭豬呀，重要得多。我們要了透這個世間是無常，無常隨時都可能降臨到我們的身上。根據統計，這個世界每天晚上有五千多個人躺下來，第二天就沒有再起來了，這個就是無常呀！我常常思考一個問題：「有一天，我也會是這五千人裡面的一個」，各位坐在這裡的人將來都會是這五千人之中的一個，哇！這是一件很恐怖的事，想起來就很恐怖啊！

因爲無常是不可避免的，所以我們要認識它，認識無常可以使我們有一個好的態度來面對此時、此刻、此地、缺憾的人生。

這種無常啊！在佛經裡面有一個例子講得非常好，佛說：「人命在呼吸之間」，人的生命是在呼吸之間，一口氣吐出去，吸不回來，就是下輩子了。人命在呼吸之間，所以啊，我們從前在鄉下，如果有一個人生了病，推到醫院去，有一個很簡單的方法來判斷他是不是可以救活，是不是還有希望。這個方法就是看他的呼吸，如果他吐出去的氣很長，吸進來的氣很短，那麼他就比較沒有希望，所以才叫做三長兩短，吐三長才吸兩短，希望就很渺茫，表示沒有救了，這是人命在呼吸之間。還有一種情況，我們在醫院裡面也可以看到，各位很多人都看過生小孩，小孩子生下來吸第一口氣的時候，一定會痛哭失聲！因爲他心想：沒想到上輩子那口氣吐出去這麼久才吸回來。多麼可怕，無常就是這樣子一口氣吐出去，吸不回來，等吸回來已經下輩子了。

所以活在這個世界上的人，如果要保有智慧，要進入禪的世界，首先就必須要認識到無常逼人，如果沒有認識到無常，生活到了中年就會很無聊、很悲慘，因爲人生慢慢的走下坡，每天都比昨天更接近死亡一步。我前幾天在報紙上看到說有一個股市的大戶叫做阿不拉，報紙上寫他，他每天做股票進出都是好幾億，但是他每天花掉的錢只有兩百元，爲什麼只有兩百元？因爲他忙著賺錢，根本沒有時間花錢。每天花的兩百元是中午吃一個便當，晚上吃一個便當，我看到報紙的時候就覺得很奇特，唉！這個人賺那麼多錢幹什麼？每天只花兩百元。我們要不要過像他那樣的生活？

還有前一陣子有一個報紙登出一個消息說，在台灣南部有一個非常有錢的人留下六、七百億的財產，可是他死了以後啊！沒有辦法出殯，爲什麼？因爲他的子孫在靈堂裡面爲財產的事情爭奪、抗議，在靈堂裡面貼了一個白布條，上面寫：「大哥你不得好死」，就是因爲他的大哥分錢分的最多。結果這個大哥幾個月以後果然死掉了。唉呀，多麼可怕！如果這個有錢人不留下六百億或者七百億，只留下六、七塊錢，子孫都可能很孝順呀，因爲一人分一塊，一定沒事，分那麼多錢給子孫幹什麼？分那麼多使他們沒有志氣，使他們爭奪，使他們產生很大的貪心，這裡就是我們要看到無常，隨時都會降臨到我們的身上，所以，我們要了透這種無常。了透它，觀照它，才可以生出警醒的心，才可以生出覺悟的心。

◎世界就是人心的映現

第二個我們要了解到我們所處的這個世界是人心的映現，就是我們所居住的環境、我們所使用的杯子、我們所用的茶壺、我們插的花，都是我們的心的展現，如果沒有你的心跟這個杯子相應，那麼你在百貨公司就不會買到這個杯子，你就不會使用它。慢慢的擴張起來，你所住的房子、裝潢，還有你所喜愛的顏色，都是你的心，因爲有你的心才展現的。這個就是「緣起」，你的心跟對象中間產生相應的感受，慢慢的形成一個社會，最後形成一個國家，最後形成一個世界，最後形成一個宇宙。所以說整個宇宙是人心的映現，而這種映現呢？大部份的時刻都是非常感性的，不是透過分析或者一個很理性的角度。

這種映現有時候是不自覺的，我舉一個例子，記得去年八月的時候，我到香港跟澳門去巡迴演講，有一次演講完了，有一個年輕人很興奮地跑來找我，他說：「林先生啊，我聽了你講佛教後很想學佛，你可不可以教我一個最簡單的咒讓我來唸呢？」我就教他一個咒，「嗡嘛呢唄咪吽」，這咒叫做六字大明咒。各位都聽過，這是觀世音菩薩的心咒，我看他聽了以後眉頭一皺說：「林先生，這個嘛呢跟那個money有什麼不同啊？」我聽了嚇一跳，因爲從來沒有人聽到一個觀音菩薩的咒立刻想到money的，這個年輕人他就立刻想到money，然後他就說：「你再唸一遍，我把它記下來。」我就唸：嗡嘛呢唄咪吽！結果，他就在筆記本上寫下這個咒的拼音，我探頭一看，啊！上面寫：All money pay me home。寫完了以後，他就笑起來了，說：「喔！林先生，你這個咒不錯，所有的錢都付到我家裡來！」哇！多麼了不起啊！這個年輕人可以把一個咒，立刻想到所有世界的錢都付到我家裡來，沒有想到說我要把世界上所有的錢付給別人。然後我就說：「對啊！如果你好好唸這個咒，將來這個世界的錢都會到你家裡來，不但你會有有形的財寶，也會有很多無形的財寶。」所以他在一分鐘裡面就把這個咒念的很好，唸的很熟，你看，All money pay me home。每天做這個夢多好，這就是心的映現。

我們也可以說我們所處的這個世界並沒有斷滅的相，也沒有分別的相，只是因爲人心的不同而有了分別跟斷滅。

我記得在去年九月、十月的時候，台北的百貨公司在換季打折，我帶我的小孩子去逛百貨公司，他看到很多很多的招貼啊！他就問我：「貼這個在幹什麼？」我說：「在打折！」他說：「爲什麼要打折？」我說：「因爲要從夏天變成秋天，所以要打折！」他就問我說：「秋天是什麼？夏天是什麼？」我聽了很緊張，第一個反應就是「呀！火花去啊，秋天是啥都不知啊」（台語），但是要告訴一個小孩子什麼是秋天呢？這是一個很大的學問，什麼叫做秋天呢？我就叫他坐下來，請他吃一個冰淇淋，我說：「所謂的夏天，就是很熱的天氣，要開冷氣的天；所謂的冬天，就是很冷的天氣，要穿毛衣。所謂的春天跟秋天，就是不冷不熱的天氣。」這時候，我的小孩子拍桌子跳起來跟我說：「啊！爸爸我知道了，春天跟秋天就是比較涼爽的夏天跟比較溫暖的冬天對不對？」我聽了當場就得到一次開悟了，眞的，春天跟秋天跟夏天跟冬天中間並沒有斷滅，沒有說從今天開始是冬天，或者今天是秋天的最後一天，明天是冬天，在月曆可能是這樣記載，但是實際上沒有分別跟斷滅，百貨公司本來要換季了，結果看這幾天天氣冷了，好，就延續繼續打折。因爲不知道什麼時候才斷滅，沒有斷滅的相。

那麼，這種斷滅的相是從那裡來的？是從我們的心來的，如果是一個北極的愛斯基摩人在我們冬天的時候來到台灣，他會覺得台灣非常的溫暖，因爲我們的冬天對他來講是炎熱的，所以這完全是心的態度，我們生活的整個世界也就是這樣子，並沒有斷滅的相啊！所以有兩首禪詩，我非常喜歡，第一首禪詩，是無門慧開禪師寫的，他說：「春有百花秋有月，夏有涼風冬有雪，若無閑事掛心頭，便是人間好時節。」多麼好啊！春夏秋冬都很好，之所以覺得不好就是因爲我們有了斷滅的相。另外一首禪詩說：「終日尋春不見春，芒鞋踏破嶺頭雲，歸來偶遇梅花下，春在枝頭已十分。」哇，每天都要去找春天哪，因爲我們都喜歡春天，到處找呀，找到鞋都踩破了，結果都找不到春天。回到家裡看到庭院裡面的一棵梅樹啊！正在盛開，才恍然大悟：原來春天已經在這個梅花樹的裡面等待著要出來了。春天是在冬天的內部，那麼同樣的四季都在各自的、都在另外一季的內部裡面等待著要出來。所以我們要破除斷滅的相，才有辦法對這個世界有一個很好的觀照，知道這種斷滅是我的心跟整個環境的對應而產生出來的，那麼每一個居住的環境，還有現象都是可以展現出我們的智慧。

◎我們的心分別世界

談了斷滅相以後，第三個我們要來談的就是分別相：這個世界本來是沒有分別，因爲我們的心不同而分別，也可以說，這個世界本來就是這樣子，由於每一個人有了分別，這個世界就不一樣了。譬如說，常常有人來找我的時候，發現我不是他們想像中的樣子，這一點都不奇怪，因爲我本來就是這個樣子，你把我想成什麼樣子是你的自由，這個世界上如果有十萬個人認識林清玄，這個世界就會有十萬個林清玄，因爲每一個人所認識的，都是不同的，可是眞實的我只有一個。這就是由分別心而來，什麼造成我們的分別心？第一就是語言的限制，語言限制了我們的分別，我們因爲有很多語言，因此沒辦法對事物有一個直接的觀照。我舉一個例子：我從前住在鄉下，認識很多的花，後來到城市，看到這些花都有不同的名字，但是聽到這不同名字的時候給我們完全不同的意義。譬如說，有一種鄉下的花，在城市裡面叫做「天人菊」，是一種黃色的菊花。這種花，在我們鄉下叫做「雞屎菊」，就是雞大便的菊花，爲什麼叫雞屎菊，因爲它種在籬笆旁邊，都是吃雞的大便做養料，才能長大開花。我們聽到這兩個菊花的名字，會產生完全不同的覺受，「天人菊」多麼浪漫多麼美麗，「雞屎菊」多麼的低賤。還有在台北有一種花，在仁愛路的安全島裡面就有，叫做「馬櫻丹」，在鄉下叫做「死人花」，爲什麼叫「死人花」？因爲這種花都長在墳墓裡面，吸死人的養料長大的，所以我們就叫它死人花。在鄉下我們看到「死人花」就很討厭，聞起來都覺得好臭，到了台北，在仁愛路的圓環看到就覺得很美啊，聞起來也滿香的。你看！兩個完全不同的名字，可是指的是相同的花。這種例子很多很多，由於名相的關係、語言的關係使我們對一個事物有完全不同的認識。

其實這種名相有大部分的時間是毫無意義的，有一次我走過忠孝東路，忠孝東路與延吉街交口的二樓有一家咖啡廳，叫做「遠離非洲」，各位可能看過，「遠離非洲」這個名字是從一個電影來的。又過了幾天，我坐車到中山區去，在中山北路的一個巷子裡面碰到了一個咖啡廳，這個咖啡廳的名字叫做「深入非洲」，我看了嚇一跳，到底是「遠離非洲」比較好還是「深入非洲」比較好？其實都沒有意義，它只是一個咖啡廳，但是我們往往被這個名字給我們觸動，事實上，如果我們把名字拿掉，會看到這只是一個咖啡廳，「遠離」跟「深入」事實上是沒有不同的。但人的名字也會給人帶來這樣的印象，我記得我的父親有兩位很要好的朋友，我小時候看到他們的名字就嚇一跳，立刻記起來到現在都沒有忘記，他的朋友一位姓黃名字叫做「黃皮箱」，還有一位姓白，叫做「白牛車」，我們都叫他「牛車伯」，這名字我一輩子都不會忘記。可是當我們看到「黃皮箱」跟「白牛車」而沒有看到這個人的時候，沒有辦法想像這個人，因為他的名字跟他的人是完全不同的，為什麼會有這樣不好聽的名字。因為從前的鄉下人認為，要把小孩子的名字取差一點才可能長得好呀（天公才會疼）。

因此我們在聽語言的時候不要被語言所迷惑，在鄉下你常常會看到一個老阿媽或者老阿公罵他的小孫子說：「膨肚短命，夭壽死囝仔栽呀！」（台語）聽起來好像很恨他的樣子，事實上不是，裡面是充滿了愛意，他在罵的時候充滿了愛意。這個世界有這麼多人，每個人對語言的界定不同，產生了很多完全不同的東西，因此就很難溝通。

我記得我小時候在鄉下常常有廟會，廟會的時候有一些走江湖的人來賣藝，有一個走江湖的講的一段話，我一直到現在都記得，他敲鑼鏘鏘鏘！然後講：「來來來，人多話就多，三色人講五色話，也有人愛吃匏仔，也有人愛吃菜瓜，也有人愛看查某囝仔搖脚穿花，有人愛看殺人種瓜」（台語）。這個大家都聽得懂呀！翻譯起來是：「人多話就多，三色人講五色話，就是三種人會講出五種話來，每一個人的嗜好都不同，有的人喜歡吃匏瓜，有的人喜歡吃菜瓜，有的人喜歡看女孩子扭屁股花，有的人喜歡看人家殺人種瓜。」這一段話給我一個很深刻的印象，就是這同樣的世界，因爲每一個人看的不同，就不同了。了解到語言有限制、名相有限制，所以我們要想辦法來破除它，就是破除這種分別相，破除分別相就是要對這個世界有一個包容的角度，爲什麼？因爲三色人講五色話，每個人的態度都不同，每個人對事情的認識都不同，如果沒有包容的態度，活在這個世界就會非常的痛苦，會產生無謂的爭執跟辯論，因此一個人要進入禪的智慧，就要破除名相、語言、還有外在的限制。

◎煩惱就是菩提

接下來我們要認識的，一個人要有禪的智慧，必須要認識到第四個重要的東西，就是「煩惱即是菩提」。「煩惱即菩提」講起來是不太容易理解的，不過我可以舉個很簡單的例子，去年我在香港的時候，跑到中國的百貨公司花很多錢買到一個很漂亮的石灣陶器，是一個羅漢坐在一隻犀牛上面往前衝，很漂亮的陶器。買了以後我就拿去包裝，包裝的是一個年紀很大的「歐巴桑」，她把我的陶器放在一個很大的紙箱子裡，然後在裡面塞了很多的報紙、紙屑、木屑呀，不要的東西都塞到裡面，塞好了綁起來。她跟我說：「這個啊！你可以寄貨運了，絕對不會打破。」我提這個箱子回到旅館的時候，看到這個箱子，這個箱子太大，已經超過航空公司手提行李的限制，如果要寄貨運，我很耽心它會被打破，因為打破就白買了，怎麼辦呢？我就想：「唉呀，這個箱子這麼大沒有用啊！把箱子解開，把這裡面的稻草還有破報紙、紙屑都拿掉，乾脆把陶器用一個袋子提著就好了。」

我就把陶器拿出來放在一個手提袋裡要提回台灣。結果上飛機的時候，走路不小心彎了一下，撞到旁邊的椅子，就聽到「鏘」了一聲，我心想「完了！一定完了！」坐下來拿出來看，果然哪！那一頭牛斷了一隻脚，頭上的角也斷了，那時候我得了一個很好的啓示，就是：對於一個很精緻名貴的陶器來講，它旁邊的報紙跟稻草還有紙屑，與它的價值是相等的，我們不能只要這個陶器而不要它旁邊的報紙、紙屑等等你覺得沒有用的東西，對於禪也是一樣，每一個人的內在裡面都有一個很精緻很好的東西，可是被許多破破爛爛的不必要的東西所包圍著。但是只要我們知道我們內在裡有這樣東西，就可以有一個比較好的態度在這個世界生活。如果我們不知道自己箱子裡面有一個陶器，只知道裡面都是破報紙、稻草或者紙屑，那麼生活就會變得很枯燥很無聊。

這個就是煩惱即菩提，對於一個精緻的陶器來講，它外面的東西跟它是等值的。我在年輕的時候讀過艾森豪的傳記，艾森豪講到他後來怎麼會變成一個偉大人物，講到他童年有一個啓示他很大的事件，他有一次跟家裡的人一起打橋牌，那一天運氣特別不好，拿到手的橋牌都是很爛的牌，他就一邊打、一邊罵、一邊抱怨，然後就打得很差。

他媽媽聽不過去，終止打牌，跟他說：「你現在在打牌，不管你手裡拿到什麼爛的牌，你就要遵守打牌的規則，你必須盡你最大的可能打好，這就是打牌的規矩。人生也是這樣子，不管你拿到什麼牌，你只能盡可能的去打好牌，不能選擇你的牌。」艾森豪那個時候就大徹大悟，後來變成偉大的人物。

在我們這麼長的人生裡面，常常會每一次都拿到不同的牌啊！不管拿到好牌、壞牌都要去打好它。所謂打牌的「高手」跟「低手」的差別在那裡？高手就是不管他拿到好牌、壞牌、或者爛牌，他都可以打贏牌局，這就是化煩惱爲菩提呀！煩惱可以化爲菩提，只要我們有這樣的認識，我們就可以知道人生的一切煩惱都有其意義，這種意義常常隱在內在而不顯露的，如果我們有智慧，它就會顯露出來。

就像有時候我走路不小心踢到石頭跌倒了，站起來的時候我不會生氣，我會有一種感恩的心情，跌倒很好，爲什麼？因爲我會立刻想到這個世界上有很多人一輩子都沒有機會走路，我們竟然還可以跌倒，多麼好啊！我們在工作的時候不小心弄疼了，要感恩啊！疼痛眞好，爲什麼？這個世界上很多躺在醫院的人，整個背都爛掉了，他還不覺得疼，喔，這樣一想就會有感恩的心，壞的事情也就扭轉成好的事情，這就是禪的智慧。

常常有一些婚姻不幸福的人來找我，投訴他們婚姻的痛苦，這些人是佛教徒，我就問一個很重要的問題，我說：「依你的理解一個人婚姻幸福，比較容易往生西方極樂世界？還是一個人婚姻不幸福，比較容易往生西方極樂世界？」他想了半天就跟我講說：「不幸福的比較容易往生啊！」我說：「對啊，因爲不幸福，所以你在死的時候就沒有留戀哪，你就有大的勇氣，從這個世界裡面脫開了，超越了。如果你婚姻非常的幸福，你就會留戀，就會不捨，下輩子再來做他的兒子，做他的孫子或者跟他做夫妻啊！那麼就不可能去一個更好的世界。」所以壞的世界有時候反而變成好的東西啊！這就是煩惱即菩提。

◎遍天下無不是藥的草

這個在禪宗裡面有好多好多的例子啊！我覺得有個很好的例子，這個例子就是：有一個禪師叫做石頭禪師，他有一個弟子叫石室，有一天石頭跟他的弟子一起去登山，石室和尚走在前面，石頭禪師走在後面，登到半路的時候，被樹枝擋住了，石室和尚就轉過頭來對石頭說：「師父！刀子拿來，路被擋住了。」石頭禪師就從腰布裡面把刀子抽出來遞給他的徒弟，他遞給他的時候把刀刃遞給他，這個石室就在那裡呆住了，沒有辦法去接這把刀，他就跟師父說：「師父，不是這一邊哪！應該是刀柄那一邊，遞給我。」石頭禪師說：「刀柄有什麼用呢？」石室當場就在小路上開悟了！刀柄有什用？煩惱有什麼用，痛苦有什麼用？這世界上有很多東西看起來是沒有用的，這些沒有用的東西，由於他包圍了有用的東西，所以它就變成有用了，跟有用的東西是同等的價值。

還有在經典裡面，也有一個這樣的故事：文殊師利菩薩是一個最有智慧的菩薩，他在說法的時候把善財童子叫起來，跟善財童子講說：「你去外面把一根不是藥的草帶回來」，善財童子就從講經的地方走出去，繞了半天，找了半天，回來就報告文殊師利菩薩說：「唉呀！找不到不是藥的草。」文殊說：「那麼是藥的草拔一根來！」善財就彎下腰來，從地上拔一根草遞給文殊師利菩薩，文殊師利菩薩就對著在場的菩薩們說：「這個世界上沒有一根草是不能做藥的！」這也是一個非常好的例子。我們知道在人生裡面所遭遇的一切，只要我們可以看到它眞實的意義，這一切都可以做爲我的藥哪。如果我們有這樣的態度來面對這個世界，我們就會過得比較愉快一點。

記得我小的時候家裡沒有自來水，每天都要到河裡去洗澡，我家的前面有一條河叫旗尾溪，旗尾溪的河水很髒，但是沒有地方洗澡，只好去那裡洗澡，有一天我在洗澡的時候，一邊洗，突然從上游漂下來一隻死豬仔，突然流的很快往我的胸部撞來了，我嚇了一跳，趕快把它推開。洗澡的時候碰到一個死豬，多麼衰呀！趕快洗一洗爬起來，躺在石頭上晒太陽，晒太陽晒完以後就覺得自己很乾淨，回家我就在日記上寫一句話：「不乾淨的水也可以洗澡洗的很乾淨！」對於人生也是這樣，我們每天都處在像台北這樣不乾淨的水裡面，但是不乾淨的水也可以洗澡洗得很乾淨，只看你的態度，你怎麼樣來洗，這是我們要有禪的智慧的第四個態度。

◎進入宇宙之心

第五個我們要怎麼樣有禪的智慧，就是要體貼萬物，進入宇宙之心。一個人要學習禪道、學習佛道、學習菩提道，並不是在離開這個世界，而是在進入宇宙的心，跟宇宙合在一起，用一種自然的、輕鬆的、自由自在的態度來生活，這才是眞實的禪。我記得剛剛開始學佛的時候，我到佛光山去，佛光山的星雲法師很好，請我吃飯，有七、八個師父一起作陪，在佛光山的餐廳裡面等上菜的時候，有一隻蚊子在空中飛，嗡……我心裡就很躭心說：「這一隻蚊子千萬不要停在我的身上。」結果它就嗡……果然停在我的胸口，我幾乎是用一種非常自然的反射的態度，拍！一掌就把它解決掉了！這個時候，在座的八個師父，全部都合掌唸南無阿彌陀佛，哇！當時我恨不得有一個洞可以立刻鑽進去。爲什麼師父看到一隻蚊子的時候，從心裡面浮起的是阿彌陀佛，而我們從心裡面浮起的是「拍」一掌把它解決掉。這就是我們沒有辦法進入宇宙之心，沒有辦法體會蚊子也有生命，蚊子也有痛，蚊子也有不幸的時候，如果我們體會了我們的心就可以比較安靜，有一個清明的觀照，也可以比較看清楚這個世界的實相。

我常常在台北散步，也許有些人會在路上碰到我，有一天我在忠孝東路散步就碰到一個很時髦很漂亮的少女，牽著一隻貴賓狗，我們都知道貴賓狗呀，現在全台灣的貴賓狗長相都一樣，爲什麼長相都一樣？每一個主人都把它剃成一個樣子，其實貴賓狗如果不剃它，也是很漂亮的，但是不知道從什麼時候開始，主人都把貴賓狗修剪，然後給它綁蝴蝶結，塗指甲油，牽在路上走。後來我曾經做過研究，爲什麼會把貴賓狗剃成這個樣子？原來貴賓狗是以前在巴黎紅磨坊的妓女喜歡養的狗，妓女都是晚上才做生意，白天沒有事做，把貴賓狗抓來，修剪、塗指甲油、綁蝴蝶結，整修得跟自己一樣，黃昏的時候牽到街上去散步，遠遠的看妓女和狗兩個長得好像。後來這個風氣就傳遍了歐洲，大家都覺得貴賓狗應該剃成這個樣子，後來就傳到台北，台北的人都覺得貴賓狗這樣才美。

那一天我看到一個時髦的小姐牽著一隻貴賓狗整修得跟紅磨坊的一樣的走出來，她覺得很驕傲，因爲這一隻貴賓狗和別的貴賓狗不一樣，是非常大型的貴賓狗，像狼犬那麼大，純白的，美得不得了，當然路上有很多愛狗的人都圍過去看，「哇！怎麼有這麼美的貴賓狗啊！」大家都很讚嘆。這個小姐就很高興，介紹他的貴賓狗說：「我這一隻狗，每個禮拜去上美容院一次，要一千多元。」大家聽了都肅然起敬，了不起呀！我這一輩子還沒有花一千元進過一次美容院哩，這狗一千元進一次美容院，每個禮拜都去。這個狗綁著紅色的蝴蝶結、塗著紫色的指甲油，當主人講的興高采烈的時候，我走過去看這一隻狗，看見牠用一種很悲哀的眼睛看著我，我覺得很奇怪：「你夠幸福了，爲什麼那麼悲哀啊？一個禮拜花一千元你還有什麼不滿足？在家裡一定也吃得很好呀！」然後我找了半天，終於找到這隻狗悲哀的原因，我發現這是一隻公狗，哇！這個時候我就知道它悲哀的原因，如果我是一隻公狗，每天早上，我的主人給我綁紅色的蝴蝶結，塗紫色的指甲油，送到美容院去，牽我到街上去獻寶，我一定會用很悲哀的眼神看看這個世界。那一刻我完全了解這一隻貴賓狗的心情，這個就是進入宇宙之心，進入萬物的心。

◎體貼萬物的感受與心情

進入萬物的心並不是那麼難的，我常常有這樣的體驗，譬如說，前不久有一次我到北港，去看北港的牛墟。牛墟就是賣牛的市場，這個牛墟都是天還沒有亮，各地的賣牛人就把牛牽到那裡去，等天亮以後才拍賣，所以天還沒有亮，牛主人就已經忙得不得了，他們把牛的嘴巴扳開，用一個很大的漏斗插進牠的喉管，然後將飼料一直塞進去，塞到牛肚子裡。爲什麼？因爲等一下要秤重量，牛比較重賣的價錢比較好，看起來比較胖，我在旁邊看他們灌那個飼料的時候，心裡就很悲哀，因爲灌這個飼料，牛一定很痛苦，實際上也增加不了幾公斤，但牛那種叫聲，喉嚨被噎住的那種叫聲非常的悲慘，我就跟那個人講說：「你這樣灌它會疼呀！搞不好會灌死。」他跟我講說：「得了！牛有四粒胃呀灌會死呀？」牛有四個胃怎麼灌得死啊！我聽了就很難過，這個人沒有辦法體會一隻牛在被灌的時候的痛苦，但是一個人如果有一個好的觀照，他就可以看得到。

接著我就看到樹下有一隻母牛跟一隻小牛在那裡等待被拍賣，天還沒有亮，剛好這隻母牛跟小牛就在那裡叫啊！我正好帶著錄音機就把它們的聲音錄下來，一隻母牛跟一隻小牛在那裡交談，母牛很像在叮嚀小牛說：「唉呀，你被拍賣了以後應該怎麼樣，怎麼樣……」我把它錄下來。天亮了，這個母牛跟小牛就拉出來要拍賣，在拉的過程，叫聲就完全改變了，我也把它們錄下來，就好像很著急要被分開，分開這一輩子就不可能再見面了，接著他們被拉到拍賣場上拍賣，因爲賣給不同的人，母牛跟小牛就要離開了，要離開的時候牠們又叫了，我也把這一段錄下來。回到家裡，打開錄音機的時候，聽了每次都想掉淚，我們都以為牛的叫聲是沒有意義的，可是這裡面有非常深刻的情感。眞的你會感受到牛跟我們一樣有母子的親情，有溫柔，有掙扎，有悲傷，有恐懼，有很多很多的情緒從它的內在裡面表達出來。

從前有一段時間我住在鄉下，我常常帶著我的小孩子到後山去散步。後山有一片種相思樹的地方，相思林裡邊住了很多很多的麻雀，麻雀每到早上或者黃昏的時候，就會在這個相思林裡面聚集，各位知道，麻雀不可能一分鐘停止下來，不要說一分鐘，可能一秒鐘都沒辦法停止。我們看到幾百隻麻雀，就在相思林裡面跳來跳去，吵來吵去，好像一個市場一樣，熱鬧得不得了，我常常走過這個相思林的時候，都有一個念頭，這個念頭就是：「唉呀！這些麻雀一秒鐘都不能停下來，在那裡跳來跳去亂叫呀，到底有什麼意思？沒有意義的語言跟沒有意義的跳躍到底有什麼意思？」常常有這樣的念頭，有一天，黃昏的時候，我從這個相思林回到家裡來，就坐在窗前喝咖啡，正在喝咖啡的時候，聽到麻雀的叫聲，往窗外看去，就看到一隻母麻雀帶著五隻小麻雀飛到我們住的那個窗前。我怎麼知道是一隻母麻雀跟五隻小麻雀，因為母麻雀顏色比較深，身材比較瘦，聲音比較沙啞，小麻雀都是胖胖的，顏色比較淡，叫的聲音比較嫩。這個媽媽帶了五隻小麻雀來了，牠們就停在窗前的空地上，先在那裡開會講話，吱吱……不知道牠們在說些什麼？叫了一陣母麻雀突然張開翅膀飛到旁邊的一片草上面，隨風飄動，這母麻雀就站上去了。站好了以後，牠隨風在那裡飄動，然後叫這個小麻雀，一直叫，叫了好幾聲，小麻雀聽了以後，五隻小麻雀都張開翅膀，一起飛到芒草上面，結果因為秋風很大，立刻全部掉到地上來，每一隻都叫起來，吱吱……叫了半天。母麻雀又講了一陣子，好像在安慰它們，這五隻小麻雀退回原地飛起來又跳到那個芒草上，這個動作連續好幾次，一直到所有的小麻雀都可以停在芒草上，風怎麼吹牠們都不會掉下來的時候，每一隻小麻雀都叫著很高興的聲音。

突然母麻雀叫了一聲，其他的小麻雀跟著叫，然後六隻麻雀都飛走了，飛回相思林裡面去。

等我看完這一幕的時候，我的咖啡已經完全冷了，啊！給我一個非常大的啓示，就是我們看到麻雀的跳躍並不是毫無意義的，看到麻雀的叫聲也不是毫無意義的，只是我們不了解罷了。在那一刻我覺得雖然不了解麻雀的語言，但是我可以了解麻雀的心。第二天早上我起來，看到昨天晚上的一隻小麻雀又飛到那個地方，飛到芒草上面來，在那裡很高興的唱歌啊！跳舞呀！大叫呀！我聽起來就覺得牠在叫八個字：「天上天下，唯我獨尊！」哇，很高興哪，你看這個釋迦牟尼佛剛生到這個世界裡的感受是一樣的，所以不要小看世界上一切的東西呀！只要我們可以體貼萬物就可以進入宇宙之心。

記得我有一個朋友是屏東農專的教授，他本來是一個普通的人，後來他學佛也學禪，他跟我講了一個很有意義的經驗，他是獸醫科的教授，以前在讀書的時候，常常要做實驗，做實驗的時候就是卡車開出去載很多的動物回來，載到學校裡面就要把動物推下來，最常做實驗的就是豬，因爲台灣養的豬最多。卡車把豬載回來，捆工就會把豬從卡車上踢下來，豬就摔到地上，啪一聲，然後就慘叫，好像要殺的時候那種慘叫。他在還沒有學佛之前，聽到豬的聲音都是無動於衷的，覺得這是很應該，因爲幾十年來做實驗都是這樣的，從卡車上把一隻豬踢下來，然後它慘叫，應該的，擡出去殺掉，做實驗。

後來他學佛了，從此每一次聽到豬從上面被踢下來就覺得很痛：「唉呀！豬從那麼高的卡車摔下來，雖然他的肉很肥，但是跌起來一定也很痛，就像葛小寶摔倒一定也很痛一樣呀！」他就心裡很難過，後來就跟捆工講說：「喂！拜託你們，以後豬從卡車上擡下來，不要用踢的！」捆工都覺得這個教授腦子有問題啊！幾十年來都是這樣，因此他們都不肯做，後來教授每擡一隻豬下來就賞給他們一百元。他覺得雖然要殺這一隻豬做實驗，在牠死之前應該給牠人道的待遇。這樣，他就進入了宇宙之心，他體貼到萬物的心。

◎萬物的心是很細微的

這是學禪一個很重要的經驗，就是有一個般若的智慧體貼到萬物的心。萬物的心是非常細微非常細微，我記得在佛教《大智度論》裡曾經說過一個故事。有一天，釋迦牟尼佛帶著他的弟子舍利弗，舍利弗是佛陀的弟子裡面智慧最高的，到田野間散步，突然看到一隻老鷹在追逐著一隻鴿子，鴿子看到佛陀的時候，就很歡喜，就想「我得救了」。立刻從空中緊急降落，飛到釋迦牟尼佛的影子下面，老鷹本來在抓這一隻鴿子，但是看到釋迦牟尼佛的時候，瞋心消失了，就飛走了。這個鴿子在佛的影子裡面，非常的安心，很安靜的蹲在那裡。然後佛走過去，後面的舍利弗跟著走上前來，舍利佛的影子就蓋在這一隻鴿子上面，鴿子就叫起來了，咕咕，咕咕，在那裡不安扭動，舍利弗覺得很奇怪：「世尊！為什麼牠在你的影子下面那麼的安定，在我的影子下面卻那麼的緊張？」釋迦牟尼佛就說：「因為你的習氣還沒有斷盡，所以鴿子在你的影子下面才會感到不安。」

我看到這個故事的時候心裡很緊張，因為每次我走近鴿子，鴿子都立刻飛走，嚇壞了，為什麼？因為我們的殺心都沒有斷盡，我們不能進入鴿子的心，鴿子看到我們就跟看到老鷹是一樣的，所以我們要檢討，檢討我們有沒有辦法進入宇宙之心。

什麼叫做進入宇宙之心呢？《佛本生心地觀經》裡面，講到釋迦牟尼佛有一世他的前身叫做睒子，經典形容這個睒子是非常慈悲的人，怎麼樣形容他？用了六個字：「踐地唯恐地痛」，走在地上都害怕這個地會痛，這樣子的慈悲，看了令我身毛皆豎，我們那裡有這樣的慈悲！走在地都覺得地會痛，踐地唯恐地痛，看了這個經典以後我三個月都不敢寫稿，因為寫稿唯恐筆痛，怎麼寫得下去呀，筆也會痛呀，地都會痛呀。這整個宇宙都會痛呀，我們有沒有辦法進入宇宙的心？

去年冬天，寒流來襲的時候，我在洗澡，由於天氣很冷很冷就放了很熱的水在洗，洗的時候突然想到，剛才黃昏的時候，我在院子裡面澆水就是用很冷很冷的水澆花，第二天，每次澆花我就調一點溫水，澆了以後，我種的花都開得很漂亮，這就是進入宇宙之心，去感受到一朵花，如果你是一朵花，你也會希望別人用溫水在寒冬裡來灌溉你。體貼呀！要進入這樣的世界。

◎做一個不受人惑的人

一個人可以體貼萬物，進入宇宙之心，接下來他就可以做一個不受人惑的人，不受人惑的人就是自己做自己身口意的主宰，不會被世界所迷惑。這個世界有很多事件都在迷惑著我們，但是我們都不知道，我們因爲無感所以不知道。忠孝東路延吉街交口，有一家餐廳叫做「雅宴」，有個朋友請我去吃飯，我一打開菜單看到牛排一客八千元，哇！我一看嚇一大跳。怎麼有這麼貴的東西呀！一客八千元呀，這些東西加起來絕對不到八千元，但是這一家是很貴出名的，所以大家都覺得他的貴是應該的，那裡的一杯咖啡是兩百五十元。唉呀！那一天我就沒有辦法吃飯，我只喝了一杯咖啡，很心痛。我不要吃飯不是吃不起，而是我不要做一個受人迷惑的人，我寧可出去吃一餐八十元也很好，吃得心安理得。我們有什麼樣的福報來享受一客八千元的午餐呢？

有一天我到屏東去，屏東有一個朋友很好，他來找我，請我去吃飯，我們到了一家餐廳，他跟我講：「喂！你要不要吃半天筍？」我說：「什麼叫半天筍？沒聽過！」他就說：「半天筍就是檳榔樹的心，檳榔樹很高砍下來，把檳榔樹剖開，裡面有一條心，大概像一個手指那麼粗，從檳榔樹的根一直貫串到最頂端。這樣的一個心，取下來以後大概可以炒三盤菜。」在屏東呀一盤半天筍就要賣八百元。聽說台北也有，一盤是一兩千元，我就說：「這個半天筍有什麼特別呀！怎麼那麼貴啊！」他就說：「當然特別呀，要吃一盤半天筍，就要砍斷一棵檳榔樹！」我就說：「吃起來感覺怎麼樣？」他說：「吃起來跟嚼檳榔一樣，有的人吃了會醉的，你要不要吃？」我說：「我不要吃，我沒有這麼大福報，爲了吃一盤菜砍掉一棵檳榔樹。」然後我說：「咱來吃麻竹筍好啦！」結果我們吃了一盤麻竹筍，那一天我們的午餐，只花了兩百元，吃出來的時候我心裡覺得很安慰，你看我們不要被世界迷惑，這個世界上有很多無知的人在吃半天筍的時候，我們不要去吃，這個世界上有很多無知的人在吃娃娃魚的時候，我們不要去吃牠，這個世界上有很多愚蠢的人在花幾十萬養紅龍的時候，我們不要去養牠，因爲這是愚蠢的行爲，不能看到這個世界的實相，而是受到環境的迷惑、受到人的迷惑。

這種迷惑它隨時隨地出現在我們的身邊，就是台北也有很多這樣的迷惑，有一天我跟一個朋友走過台北車站前面的地下道，地下道裡面有很多人在賣東西，有很多的乞丐，走到一半的時候，看到一個乞丐，他的四肢都被切斷了，沒有手跟脚，齊根而斷了，他前面放了一個塑膠盤子在那裡乞討，我的朋友問我說：「喂！你看這個人他是怎麼樣下到這個地下道來的？」我立刻反應說：「當然是用爬的下來。」但是當我在講的時候，就立刻知道自己是很荒謬的，沒有四肢的人怎麼可能爬呀！我說：「如果不是爬的，那是怎麼下來？」朋友告訴我說：「他是被抱下來的，因爲他沒有四肢，你看，等到黃昏的時候他要回家呀！這個錢他也沒有辦法帶回去，就會由抱他下來乞討的人抱著他，順便拿著他乞討的錢回家。」然後他告訴我說，現在台北有這樣的行業，有人專門去租那些最可憐的人，蒙古症的、四肢不全的、殘障的，他們有一個企業性的規劃，哪一個市場人多呀，哪一個車站人多呀，然後就去「佈點」，早上起來就去佈點，黃昏的時候就把他載回去收錢。我聽了非常非常的難過，這個世界是多麼的悲慘哪！這些人是多麼的悲慘，當我走出地下道的時候又看到一個這樣悲慘的人，我就很自然的把錢丟到他的盆子裡。我的朋友罵我說：「你已經知道了，還佈施給他！」我就說：「雖然，這世界上有很多人利用愛心在行騙，有很多人利用我們的愛心，但是我們不能因為這種利用，就失去對這個世界的悲憫的心。」

◎從今天開始醒來

所以要做一個有智慧的有禪心的人，就要做一個不受人惑的人，看到別人都這樣做，沒有意義你不要去做它，這個就是不受人惑。一個人不受人惑以後，夠不夠呢？還是不夠的，除了不受人惑，自己的內在還要有一個清明的覺性，這種覺性就是醒來，如果從禪的語言來講就是開悟，醒來，從沈睡中醒來。從沈睡中醒來，就是本來你是迷失的，本來你是在睡夢裡的，現在我不要迷失，我要從睡夢裡醒過來，做一個有智慧的能觀照的人。醒來不是一個模糊的概念，就從今天開始醒來，今天醒來是很重要的。

有一次我去拜見花蓮的證嚴師父，聽他講了一個故事，他說有一個老人，每天早上都很早起來，就在街道上面掃地，幫鄰居的門口掃地，有一群青年人看到這個老人這麼喜歡為別人服務，就跑過去問他說：「老伯伯你今年幾歲？」「我今年四歲。」這個年輕人覺得很奇怪，怎麼只有四歲？就問他說：「你是七十四歲？還是八十四歲啊？」老人說：「我今年哪，如果算起來我有七十四歲了，不過我開始知道應該為別人服務、應該把這個心，貢獻給這個世界的那一天開始到現在只有四年，所以我等於只活了四歲。」我聽了非常的感動，從今天開始醒來，一個人眞實的活在這個世界的生命，就是從醒來的那一天開始算起；從你有智慧，有心進入這個宇宙，了解宇宙的實相那一天開始算起；醒來是一個很重要的動作呀！

有很多人都認為，唉呀！學禪學佛都是要年紀很大的人才能做，有智慧是年紀很大的才會有智慧，其實不是這樣子，年輕的人就可以很有智慧，年輕的人就可以醒來。有一天，我在台北的永春市場附近買蓮花回家供佛，這一家花店把蓮花都裝在不同的水缸裡面，不同顏色的蓮花，裝在不同的水缸，我在挑蓮花的時候，旁邊坐著一個老公公，他就一直用白眼看我，我覺得很不自在，心想：這個老人怎麼一直用白眼看我。買完了以後，這個老公公就跟我講：「少年的，你在買蓮花嗎？」我說：「對啊，我在買蓮花。」然後他跟我說：「你會不會買蓮花？」我說：「會啊！怎麼不會買，你看我不是挑了很多嗎？」他說：「你怎麼都挑沒有開的？」我就向這個老先生說：「難道這個蓮花已經開過了嗎？」他說：「沒有開過呀！但是它不會開。」我說：「怎麼不會開？」他說：「早上沒有開的蓮花，中午就不會開，晚上也不會開，可能一輩子都不會開了。」當時我聽了嚇一跳，我以前去買蓮花回來都很少開，一直以爲家裡的自來水有問題，原來我每次挑，都是挑沒有開的蓮花呀！早上去買蓮花就要挑盛開的，因爲早上是蓮花盛開最好的時間，如果在最好的時間不開，這蓮花可能中午不會開，晚上不會開，一輩子都不會開。同樣的，人，如果要自心裡面醒來，如果在年輕的時候，最好的時機裡面不開發我們的智慧，很可能中年沒有機會，老年沒有機會，一輩子就沒有機會了。所以要從今天開始醒過來，如果一個人沒有從生命裡面醒過來就會發現生命是非常有限跟渺小的，生命眞是這樣子的。我們每天走到屋外，不要說在鄉下有一個很遼濶的視野，只要走到最繁忙的忠孝東路四段，站在安全島上抬頭一看這個世界，就覺得自己多麼的渺小，多麼的有限。

在這樣渺小有限的人裡面，我是人潮裡面的一個，人推過來、推過去。我也跟他們推過來、推過去。如果沒有一個醒過來的心，沒有一個智慧的心，將來我也會跟人潮一樣流到一個死亡的地方去。

好！今天開始我就要醒來，我不要做這樣的人，我要做一個醒來的人，怎麼樣叫做醒來的人呢？我曾經寫過兩句話：「要與這個世界同步，不要跟這個世界同流」，你跟這個世界，忠孝東路很多人跟你走在一起，你跟他們是同步的，但是你不跟他們同流，你是一個清流。第二句話是：「要以紅塵爲道場，而不與紅塵合汚。」你在這個紅塵裡面跟大家一起生活，作爲你修行的道場，但是不要跟這個紅塵一起黑暗跟敗壞啊！這是醒過來一個很重要的觀念，醒過來就是有一個清靜的、明朗的、開放的、自由的心胸，這個時候，我們就會發現自己雖然在渺小跟有限裡面，也可以廣大跟無限。

◎口袋裡有很多佛法

當我們醒過來以後，就會發現一個人進入修行的世界確實是很不容易的，那麼怎麼來修行呢？佛法，或者禪法對我們的生活有什麼用，應該怎麼樣把這些東西拿來用，如果你所信仰的佛法和禪法不能拿到生活裡來用，那麼，它對你是沒有意義的。這個世界上有四種人，對金錢的態度不一樣：第一種人是口袋裡有錢，腦子裡面沒有錢。第二種人就是口袋裡有錢，腦子裡也有錢。第三種人是，口袋裡沒有錢，腦子裡也沒有錢，反正都沒有，所以也活的滿愉快。最悲慘的最痛苦的是第四種人，就是口袋裡沒有錢，但是滿腦子都是錢。哇！那就活的很痛苦呀。如果一個人腦子裡面都沒有錢呀，他不被金錢所捆綁，可是他的口袋裡有很多錢可用，他一定是很幸福。

我把這個轉化過來，拿來佛法上用。學佛跟學禪的人有四種人，第一種人就是腦子裡沒有佛法，口袋裡有很多的佛法，就是可以把佛法隨時隨地拿出來用，但是腦子裡不被佛法所捆綁。第二種人就是滿腦子都是佛法，口袋裡也有佛法，但是他要去研究，要去思考才能用出來。第三種人就是腦子裡沒有佛法，口袋裡也沒有佛法，這樣的人也活的很幸福，就像我們見到的一般人一樣，每天努力的工作、生活、吃飯、睡覺也過的很幸福。最痛苦跟悲慘的就是第四種人，口袋裡沒有佛法，滿腦子都是佛法。這樣就會活的很苦，因爲佛法都沒有辦法拿來用啊，都在腦子裡面糾結成一團，學禪就不應走向這樣的道路，應該走向自由自在的道路。我們要進入禪的智慧，進入禪的心，一定要記住禪是不離開生活的，如果離開生活而求禪，求佛法，這個佛法都是空虛、虛無的、夢幻的。

這個時候我們對於進入禪的世界已經有一個非常基本的了解，我們要知道禪是可以拿來用的。但是怎麼樣來用它，如果一個人開始進入了觀照的智慧，顯露了自己自性的，清明的本性的時候，他應該怎麼樣來對待他所學到的東西，他所觀照的東西。

接下來我們要講的要始終一貫，始終一貫保有觀照的態度面對這個世界：始終一貫從內在裡開發智慧，發起菩提心，始終一貫的往一個更高的、更光明的世界前進。這個始終一貫非常重要，有很多人兩天曬網，三天補魚，有寫作的朋友向我說：「哎呀，林清玄，你怎麼有辦法寫那麼多的書啊？是不是你每天都花很多時間在寫作？」我說：「沒有呀！我每天只花一個小時在寫作，但是我每天寫三千多字的文章啊！這個習慣我已經保持了十幾年了，從來沒有放棄過，不管生命處在多麼動盪的局面還是每天寫三千字，到時候就會有很好的成績。」這個就是始終一貫，保有意志力，走向前去。

一般人比較少這種始終一貫的精神，一般人只會立志，但立志有什麼用，沒有去實踐它，沒有去貫徹它，有什麼用？生命裡面有很多很多的東西，如果你不去貫徹它，你就會發現一個人到了中年，生命是越來越無聊，越來越退化，最後走向死亡之路。如果你專注的話，生命每一天都不一樣，爲什麼會一樣呢？我們每一天都比昨天更長大一天，我們每一天都比昨天更走向死亡一步，我們要常常回來想：我有沒有每一天比昨天更有智慧，更進入宇宙的內在世界，這個很重要啊！如果有這樣的精神，始終一貫！我們就可以開發最大的潛能。

最近有很多學禪的人，學了幾天以後說：我已經證果了！我聽了都肅然起敬，我有一個朋友有一天跑來跟我說他已經證得三果，他向我說：「你證得幾果？」我說：「我每天吃一個蘋果，蘋果的營養很好。」如果我們常常給自己一個界線說這個是我的標準，我已經到了一個標準了，接下來你要做什麼呢？所以我們要有一個更謙卑的更廣大的心來往前邁進，知道這個世界的追求是無限的，即使是成佛了，佛也不是一個局限。

有一個禪師叫趙州禪師，他的弟子問他說：「佛有煩惱否？」他說：「有，佛有煩惱。」那麼佛有什麼煩惱呢？趙州禪師說：「佛最大的煩惱就是要渡衆生！」成佛以後還有衆生哪！所以我們要知道我們的心性沒有局限，我們的修行沒有局限，要往前邁進，當然我們的智慧也沒有局限的，這樣我們就可以經過觀照認識這個世界的實相，我們可以開發智慧，這個叫做「外觀世音」，觀世音大家都知道，外觀這個世界的音聲，這個叫「外觀世音」，透過這種觀照，開發了我們內在的靈明，使我們的靈明顯現、實相顯現，這個做「內觀自在」，內部的自在開發出來，所以「觀世音菩薩」就是「觀自在菩薩」。外觀世音就可以循聲救苦，內觀自在就可以十方圓明，這個時候就走入了禪的圓滿境界。

禪的圓滿的境界就是涅槃，也就是清淨的境界。涅槃，是很難講的，有一次我在南部聽一個老先生說法，他講的很好，他用台語講法，他說涅槃就是「捏盤」，我就問他說：「什麼叫做涅槃（捏盤）？」他說：「就是把身、口、意都捏死在盤子裡就是涅槃！」涅槃就是把我們的身、口、意完全的止息，那麼清淨。身、口、意就是行爲、語言還有意念，不起波動，在苦的時候不傾動，在樂的時候不被染著，這個時候我們就進入一個清淨的法性的世界，所以，一個學禪的過程或者學佛的過程，或者最後達到究竟的過程，是每一個人都可以做的。如果我們現在願意去做就有可能去做。

從前有一個朋友送我一副對聯，上聯是：「來是偶然」。下聯是：「走是必然」。來到這個世界是一種偶然的因緣，我們沒有辦法去檢討，沒有辦法去煩惱，被生成什麼樣子就是什麼樣子，但是要記住，走是必然的，不是偶然的。我們有一天都會走，但願我們有一個好的態度、好的智慧來離開。

所以禪的根本的要義啊，首先，禪可以讓我們得到身心的安頓。接下來，禪可以讓我們了解生死的問題。最後，禪可以讓我們解脫生死的困境。從安頓身心，了解生死，最後解脫生死，得到一個完全自由自在的生命。這個就是根本的、究竟的、圓滿的、具足的禪心。希望大家一起來努力，開發我們的智慧，雖然我們不一定可以解脫我們的生死，但是我們一定要在這個世界做一個更自由、更自在、更有智慧的人。

◎問答

問：可否請你解說《金剛經》裡面「應無所住而生其心」的禪意如何？

答：應無所住而生其心，是六祖慧能聽到這一句話當場大悟，應無所住而生其心，就是於苦不傾動，於樂不染著，不住留。在《阿含經》裡面曾經講說：「蓮花出於水而不著於水，如來生於人間，而不著於人間」，這個「著」很重要，「著」就是住，住留，染著。「應無所住而生其心」就是說：一個徹悟的，了解到空相跟法性的人，也跟一般人一樣，他也跟一般人有快樂、痛苦，有哀傷，也要吃飯，也要大小便，工作時候也會流汗，在生活上跟一般人沒有什麼兩樣，他有什麼層次跟一般人不一樣？就是不被染著，不被染著的意思是說：今天我吃二十元一餐我吃的很歡喜，不被染著，今天我吃八千元一餐，我也不被染著，我不會只有吃八千元的時候才會歡喜。同樣的痛苦來的時候也是一樣，很大的痛苦跟很小的痛苦來的時候我都不會被傾動啊！我的心性非常的清明，雖然我跟一般人也一樣的生活著，生起一些心，但是無所住，這是應無所住而生其心的意思。

問：學禪會不會造成比較消極的人生觀？

答：不會，學禪應該使一個人更積極、更開朗、更廣大，因爲你進入了宇宙實相的世界。別人沒有進入，你等於比別人有一個更大的世界，那當然不會使你消極。

問：何謂禪那？

答：何謂禪？禪這個字呀！右邊是單，簡單的單，左邊是表示，簡單的表示，簡單的意念，簡單的生活，簡單會受到言語跟形象的限制。應該說：「單純！」單純的表示，單純的意念，單純的生活，單純的走向解脫之路，這個叫做禪。如果很複雜，那就不是禪。在印度最早期的禪那的意思是「靜慮」，安靜的思慮叫做禪。可是到中國以後這個禪已經完全改變了，從如來禪變成祖師禪，禪就是生命裡的一切，如果一個人有禪、那麼他生命裡的一切都會有禪。

問：禪可不可以用專一跟專注來解釋？

答：可以的，專一跟專注，是禪的一個特質，但是沒有辦法與禪劃上等號。

問：緣份要如何看待？

答：這是一個很深的問題，一個人跟另外一個人有沒有緣份，就像今天我跟各位就很有緣份了，有一個因緣在這裡大家聚集在一起，我相信這樣的因緣不是今天才有的，一定從很久以前就有了。今天分開了以後，我相信我們的因緣並沒有因此散滅，因爲今天了緣將來還會有因緣，這個就是緣份，緣份就是：佛教透過宇宙的時空觀念，從遙遠的過去、到現在，到未來的三世所結的一些因在某些時刻成熟，就變成緣跟果，這個就是緣份。

問：對於一般所謂的害蟲，我們應該怎樣來處置他？像蟑螂跟老鼠。

答：害蟲是從你的角度來看，老鼠的媽媽看老鼠的兒子是很美的，從蟑螂的眼睛來看你，你可能是害蟲呀！所以害蟲沒有標準，是從人類的標準來看，我們現在已經約定成俗了，認爲蟑螂跟老鼠已經是害蟲啦。因此萬一我們沒有辦法不得不傷害到衆生的時候，不要認爲殺死它是理所當然的。第二個就是要抱持著一個悲憫的態度、好的態度，我記得從前在鄉下，殺雞的時候，把雞的脖子拉住，然後唸：「做雞做鳥無了時，後世去做好額人的子兒」，這後來當然已經變成一種形式了，不過我想第一個殺雞的人講這樣的一句話，一定心裡是充滿著悲憫的，做雞做鳥沒了時，現在我就送你去做有錢人的兒子啊！做蟑螂、做蚊子、做老鼠無了期，現在我送你去做有錢人的兒子，當然，最好不要做，如果萬一不得已的時候要有這兩個態度。

（何喬文整理）

國立中央圖書館出版品預行編目資料

在蒼茫中點燈／林清玄著. --初版. --臺北市
：圓神, 民80
面；　公分. --(現代佛典；4)
ISBN 957-607-055-4（平裝）

855　　80003463

〔現代佛典04〕
在蒼茫中點燈

作者——林清玄
錄音整理——賴婉琦・黃雪・吳寶原・何喬文
校對——宋七雨・蒲麗月・林清玄
發行人——陳達成
出版者——圓神出版社
社長——簡志忠
監製——林永潔
編輯——廖閱鵬・姚詠中・藍淑瑀・張慧瓔
美術編輯——陳正弦
發行部——黃國興・姚一心
財務部——簡玲觀・江麗英・王玉玲
地址——新店市寶橋路235巷6弄4號6F、
電話——九一〇二四九八（代表號）
郵撥帳號——一〇〇九三六八五圓神出版社
排版——上統電腦排版有限公司
印刷——祥峰印刷廠
行政院新聞局局版台業第三四七五號
中華民國八十年十月　初版
中華民國八十三年十一月　二十七刷

定價150元

ISBN 957-607-055-4

※本書如有缺頁、破損、裝訂錯誤，請寄回本公司調換

朋友　你站在臨界線上

朋友，二十世紀後半葉是人類發展史上的臨界線也是自然世界生死存亡的臨界線。自然世界的生死存亡，則是繫於人類的作爲。而如果自然界死亡，人類必跟著毀滅。爲什麼會這樣？由於人類的貪。貪乃使得世界資源瀕臨窮冬。污染達於生物不能忍受的邊緣。是振興起弊的時候了，不然悔之恨晚。以下是台灣的環保團體。請聯絡，請支持，請贊助，請參考。環境不是任何個人的。而是你我每個人的。是我們的孩子們的。

◉台灣綠色和平組織
地址●台北市和平東路三段341巷36之5樓
電話●(02) 7382695
郵政劃撥●1166557-7　林美娜

◉台灣環境保護聯盟
地址●台北市溫州街74巷12號3樓之4
電話●(02) 3636419
郵政劃撥●0708330-0　施信民

◉新環境基金會
地址●台北市長安東路二段169之15號5樓
電話●(02) 7775647
郵政劃撥●1045976-4　新環境雜誌社

◉主婦聯盟環境保護基金會
地址●台北市汀州路762巷4之6號4樓
電話●(02) 392-1398・321-3992
郵政劃撥●1294893-3　主婦聯盟環境保護基金會

請沿此虛線剪下後，寄回本公司！

台北市南京東路4段50號6F之1

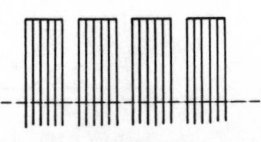

圓神出版社　收

廣　告　回　信
北區郵政管理局登記 證北臺字1713號
免　貼　郵　資

姓名：

地址：

圓神叢書讀者服務卡

謝謝您購買這本書！
為了提供更好的服務，請您詳細填寫本卡各欄，免貼郵票，寄回給我們，您將成為本社出版之友，不定期收到各項最新出版消息，並享受我們提供的各項優待。

我□已是「圓神出版之友」，編號：＿＿＿＿＿＿＿＿
□新申請加入圓神出版之友

姓名：＿＿＿＿＿＿ 性別：＿＿＿ 年齡：＿＿＿

地址：＿＿＿＿＿＿＿＿＿＿＿＿＿＿

職業：□軍 □公 □教 □工商 □學生 □其他

購買書名：＿＿＿＿＿＿＿＿＿＿＿＿＿

購買書店：＿＿＿＿＿＿＿＿＿＿＿＿＿

購買媒介：□＿＿＿＿＿＿雜誌廣告 □直接信函
□＿＿＿＿＿＿報紙廣告 □逛書店
□友人介紹

對圓神的建議：

＿＿＿＿＿＿＿＿＿＿＿＿
＿＿＿＿＿＿＿＿＿＿＿＿
＿＿＿＿＿＿＿＿＿＿＿＿
＿＿＿＿＿＿＿＿＿＿＿＿
＿＿＿＿＿＿＿＿＿＿＿＿
＿＿＿＿＿＿＿＿＿＿＿＿

圓神出版社
地址／台北市南京東路4段50號6F之1
電話／(02)5798800·5796600